Friedl Thorward / Josef Erhart

# Böhmerwald

## Bilder und Entdeckungen



Verlag Friedrich Pustet Regensburg

Text: Friedl Thorward
Bilder: Josef Erhart

Die Deutsche Bibliothek – CIP-Einheitsaufnahme

**Böhmerwald** : Bilder und Entdeckungen / Friedl Thorward ;
Josef Erhart. – Regensburg : Pustet, 1991
ISBN 3-7917-1287-X
NE: Thorward, Friedl; Erhart, Josef

ISBN 3-7917-1287-X

Umschlag-Vorderseite: Schloß Rožmberk
(Rosenberg) an der Moldau
Umschlag-Rückseite: Böhmerwaldhaus
bei Filipova Hut' (Philippshütte)
Gesamtherstellung: Friedrich Pustet, Regensburg
Printed in Germany 1991

# Böhmerwald

*»Auf diesem Anger, an diesem Wasser ist der Herzschlag des Waldes. –«*

Ich kannte diese Worte Adalbert Stifters längst, aber ihr tieferer Sinn wurde mir erst klar, als ich selbst auf den Spuren des Böhmerwalddichters vom Plöckensteinsee hinaufstieg durch den einsamen, raunenden Bergwald auf wurzeldurchsetztem Weg zu seinem Denkmal über der felsigen Seewand. Ich spürte aus diesen Worten die glühende Liebe, die er zur ärmlichen, aber schönen Heimat empfand, begriff die Sehnsucht, die ihn zeitlebens durchdrang und die ihn immer wieder zurückkehren ließ an diesen Ort. Ich konnte verstehen, daß er in seinem Böhmerwald das Herz aller Wälder sah.
Und wer einmal dieses fast noch unberührte Gebirge durchstreift und erlebt hat – vom zarten Grün und den Blumen und Blüten des Frühlings bis zu den flammenden Farben des Herbstes – wer in seine ruhenden, sickernden, murmelnden und stürzenden Wasser schaute oder das beständige Rauschen der Bergwälder in sich aufnahm, der weiß um den Zauber, der jeden befällt, der hierher kommt und sich noch den Sinn für das Ursprüngliche bewahrt hat. Es ist nicht Schwärmerei, wenn Andreas Hartauer, ein einfacher Glasmacher, im Böhmerwaldlied die Worte fand: »Nur einmal noch, o Herr, laß mich die Heimat seh'n, den schönen Böhmerwald, die Täler und die Höh'n!«
Und wie die Deutschen, so empfanden immer auch die Tschechen. Karel Čapek, Karel Klostermann und andere erzählen so liebevoll und herzerwärmend von der Wildheit und Weltenferne dieser Wälder und Moore, von der Eigenart der dortigen Bewohner, ihrer Sprache und ihren Bräuchen.
Selbst Bedřich Smetana saß verzückt an den blockübersäten Flußläufen, um sich von ihrem Murmeln und Rauschen, von den sich verflechtenden Wassern inspirieren zu lassen zu seiner weltbekannten Tondichtung »Die Moldau«. Und was wären Schillers »Räuber« ohne den geheimnisvollen Böhmerwald als Kulisse?
Ja, in diesem Gebirge finden wir heute noch den tiefen Wald, von dem die Märchen erzählen.

40 Jahre lang bestand das Bild von dem Bergland hinter dem »Eisernen Vorhang« vielfach nur noch aus Vermutungen und einer immer blasser werdenden Erinnerung. Nach den Veränderungen im Ostblock und der Öffnung der Grenzen im Jahr 1990 soll Interessenten und Besuchern des Böhmerwaldes Land, Geschichte und Sehenswürdigkeiten in Text und Bild sowie auf Streifzügen von Ort zu Ort neu erschlossen werden.

## Aber was ist der Böhmerwald?

Es ist nicht einfach, die verschiedenen Begriffe, auf die wir bei dieser Überlegung stoßen, näher einzugrenzen. Es gibt verschiedene Ansichten über die geographische Untergliederung des Grenzgebirges, aber nur eine richtige. Man sollte sie kennen.
Es ist *deswegen* nicht einfach, weil zum einen der Begriff »Böhmerwald« in mehrfacher Bedeutung gebraucht wird, weil zum andern der »Bayerische Wald« nur ein »künstliches« Gebilde und Teil des Böhmerwaldes ist und weil schließlich der tschechische Begriff »Šumava« sich nur schwer eingrenzen läßt.
Um Klarheit zu bekommen, beginnen wir am besten bei den Römern. Sie sahen jenseits der Donau, welche zur Zeitenwende mit dem Limes die nördliche Grenze ihres Reiches bildete, dunkle Waldberge. Diese nannten sie den »Nordwald«. Sie meinten damit das ausgedehnte Berg- und Waldland bis zum Fichtelgebirge.
Als um das Jahr 1000 die Mönche aus den großen Donauklöstern, als Gunther, der Eremit, und die ersten Siedler aus dem niederbayerischen Flachland rodend in das Gebirge vordrangen, war es immer noch der große, geheimnisvolle und öde Nordwald.
Dieser Name wurde aber im Jahre 1226 in einer Urkunde durch die Bezeichnung »Böhmerwald« ersetzt. Das Gebiet blieb dasselbe. Keine

politische Bezeichnung sollte es sein, nur eine geographische für das ganze Gebirge gegen Böhmen hin.
Auch dieser Name hielt sich unangefochten bis ins späte 18. Jahrhundert hinein. Als aber infolge des Bevölkerungswachstums die Siedlungsräume eng wurden, und man national zu denken begann, befanden Literaten und Bürokraten im Staatsarchiv in München, daß es in Bayern keinen »Böhmerwald« geben könne, daß dieser Name nur in Böhmen seine Berechtigung hätte. Sie nannten den Teil des Gebirges, der über die pfälzisch-böhmisch-österreichische Grenze auf Bayern übergreift, den »Bayerischen Wald«. Das Problem lag jedoch darin, daß der ursprünglich harmlose Name zum politischen Begriff gemacht wurde. Damit setzte eine Begriffsverwirrung ein, die bis heute nicht ausgeräumt ist.
Anders die Österreicher. Sie sahen wohl keine Veranlassung, die so lange taugliche Bezeichnung zu ändern. Sie sprechen heute noch einfach vom Böhmerwald und meinen damit das gesamte, weit nach Österreich, Böhmen und Bayern hineinreichende Waldgebirge nördlich der Donau.
Und viele der Bewohner jenseits der bayerisch-böhmischen Grenze waren ebenfalls bayerischstämmiger Herkunft. Sie hatten sich im 13. Jahrhundert, von den böhmischen Herrschern ins Land gerufen, im bis dahin unbesiedelten rauhen Bergland entlang der heutigen Grenze niedergelassen. Auch sie sahen offensichtlich keinen Grund, ihrer Heimat plötzlich einen anderen Namen zu geben.

## Und was ist Šumava?

Erst nach den Siedlern aus dem bayerischen Raum drangen auch die Tschechen, die bis dahin nur das fruchtbare Flachland bis zum Beginn der Waldtäler bewohnt hatten, weiter in das Gebirge vor. Rund drei Jahrhunderte dauerte es, bis sich ihre Kultur mit der der deutschen Siedler friedlich verband.
In der tschechischen Sprache fehlt das Wort »Böhmerwald«, auch in der Übersetzung. Erst im 16. Jahrhundert fanden die Tschechen einen eigenen Namen. Sie nannten das Berg- und Waldland, das auch ihnen nunmehr Heimat geworden war, gefühlvoll »Šumava«, was übersetzt so viel heißt wie »Die Rauschende«. Wohl deshalb, weil in den Bergwäldern ein beständiges Raunen und Rauschen zu hören ist, sei es vom Wind, der über die Baumwipfel streicht, vom Regen, der aufs Blätterdach fällt oder vom Wasser, das über zahllose Felsblöcke zu Tal rauscht.
Während aber der Bayerische Wald schon begrifflich seine Grenzen aufzeigt, ist das Rauschen des Waldes grenzüberspannend. Es darf uns deshalb nicht wundern, wenn unsere Nachbarn Šumava häufig in dem Sinne verwenden, daß ihr Gebiet nicht an der Staatsgrenze endet. Und doch findet Šumava dort, nämlich wo der Bayerische Wald beginnt, zwar nicht naturräumlich aber politisch seine Begrenzung.

## Wieso können Šumava und Böhmerwald dasselbe bedeuten?

Wir gehen nicht fehl, wenn wir den Böhmerwald als großen Rahmen sehen, der beiderseits der Landesgrenze sich vom Donautal bis zur Egerer Pforte spannt und auf bayerischer Seite den Oberpfälzer Wald und den Bayerischen Wald, auf böhmischer Seite Český les und Šumava umfaßt.
Es ist jedoch auch üblich, das Gebirge in den Niederen Böhmerwald im Norden (Oberpfälzer Wald und Český les mit dem Čerchov, 1039 m) und den Hohen Böhmerwald im Süden (also Bayerischer Wald und Šumava mit dem Hauptkamm, bis zu 1456 m hoch) zu gliedern. Trennstelle ist das historische Dreiländereck zwischen dem Churfürstentum Bayern, dem Königreich Böhmen und dem Herzogtum Pfalz auf den Dreiwappen, einem Berg nördlich der Further Senke.
Die tschechische Seite des Hohen Böhmerwaldes deckt sich in etwa mit Šumava. Ihr Gebiet mit dem Hauptkamm des Bayerischen Waldes wird im üblichen, aber oberflächlichen Sprachgebrauch einfach als »Böhmerwald« bezeichnet. Es ist jener Böhmerwald, von dem die Heimatvertriebenen erzählen. Der in diesem Sinn verstandene Böhmerwald zieht sich 140 km weit in zwei Höhenzügen südlich der Further

Senke der bayerisch-böhmischen Grenze entlang hinunter bis Vyšší Brod (Hohenfurth) an der österreichischen Grenze – und mit den Ausläufern bis ins Mühlviertel. Die westliche Bergkette gipfelt im Hauptkamm des Bayerischen Waldes, der vom Osser, 1293 m, bis zum Dreisesselberg, 1332 m, reicht und auf tschechischer Seite die Jezerní stěna (Seewand), 1342 m, und den Plechý (Plöckenstein), 1378 m, als höchste Erhebungen umfaßt. Der östliche Höhenzug mit dem Boubín (Kubany), 1362 m, ist durch den Oberlauf der Vltava (Moldau) vom westlichen klar getrennt.

## Entstehung

Charakteristisch für das ganze Gebirge sind die von der nimmermüden Erosion geformten breiten, gerundeten Rücken der Berge, die sanften Grade und flachen Gipfel.
Als vor zwei Milliarden Jahren die Erde zu erkalten begann, und die Oberfläche dadurch ihre faltenartige Struktur bekam, war eine der ersten Aufwölbungen der Böhmerwald. Mit seinem Werden beginnt die Erdgeschichte. Es war ihre Urzeit. Wir bezeichnen den Böhmerwald deshalb auch als Urgebirge. Er glich in Höhe und Form etwa unseren Alpen. Seit 2000 Millionen Jahren hat aber die Zeit mit dem »Meißel des Wassers und dem Hammer des Frostes« unablässig daran gearbeitet. Selbst die wiederholten Schübe aus dem Erdinnern, die das Gebirge immer wieder hoben, und die Kalkablagerungen durch ein Jurameer konnten nicht wettmachen, was Regen, Sonne und Frost zertrümmerten und die Wasser und Winde Stäubchen um Stäubchen von den Bergen und steinernen Zinnen forttrugen. Nur der Rumpf des Gebirges ist geblieben.

## Filze

Die oft über 1000 m hoch gelegenen Hochebenen sind bedeckt von weiten, weglosen Mooren (Filzen), die nassen Schwämmen ähneln und bis zu acht Meter tief gründen. Sie wirken heute noch so menschenfeindlich wie ehedem. Doch sind sie »schöpfungsnah« und von außergewöhnlicher ökologischer Bedeutung.
Ein fortwährendes Sickern und Glucksen, ein Triefen und Tropfen, ein ewiges Gerinnsel ist in ihnen. Schwarzbraune Wassertümpel sehen uns wie dunkle Augen an. Seltene Moorpflanzen und -blumen blühen noch in Fülle an ihren Rändern, im Wasser, auf ihrem Grund und im wulstigen, schwappenden Umland. Einzelne kümmerliche Latschen und Zwergbirken, schon grau von Flechten, sind die einzigen Bäume, die sich hier halten. Es scheint, als wären nicht das Moor, sondern die Gräser und Blumen, die sie umwuchern, ihre Todfeinde. Zwischen den weißen Flocken des Wollgrases entdecken wir die Moosbeere, das Vergißmeinnicht und die Orchidee des Gebirges, das Knabenkraut. Auch Korallenwurz, Sonnentau, Fieberklee und Sumpfblutauge, um nur einige zu nennen, haben da noch ungefährdete Reservate.

## Wälder

Wo aber der Boden trägt, breiten sich dunkle Fichten- und Mischwälder aus, die die Spuren des ewigen Kampfes tragen, den sie mit der Höhe, den Stürmen und den strengen Wintern führen. Sie haben Urwaldcharakter. Sterben und Werden gehören in ihrem Leben zusammen. Nichts von der »ordnenden Hand« des Menschen ist zu bemerken. Sie haben die wunderbare natürliche Ordnung wie vor Jahrtausenden. Die Tschechen haben schon früh erkannt, was einmalig und schützenswert ist. Weite Gebiete sind heute zu Naturreservaten erklärt. Am Boubín (Kubany) gibt es schon seit 1858 ein ausgewiesenes Urwaldgebiet.
Selbst diese Wälder bleiben nicht ohne Blumen. In ihnen sind die Soldanellen (Alpenglöckchen), der Siebenstern, der blaue Eisenhut, die roten Lichtnelken, der Bitterklee, Lattich und Waldmeister zu Hause. An Kahlstellen und Windbrüchen blühen die große blaue Glockenblume, die bunten Digitalis und der Arnika. Auch den seltenen böhmischen und den ungarischen Enzian, ja sogar den Türkenbund finden wir. Noch im August und September überzieht das Waldweideröschen mit mildem Rot Waldränder und Lichtungen.
Das Wild findet gute natürliche Bedingungen. Hirsche, Rehe, Schwarz- und Niederwild, Auer-

hahn, Uhu und andere seltene Vogelarten bleiben ungestört in der menschenleeren Waldwildnis. Erst wenn der Schnee die Erde bedeckt, zeigen sich ihre tausend Spuren.

## Berge und Seen

Die meist felslosen Berggipfel erheben sich nur unauffällig über das hochliegende waldige Umland. Selbst die höchsten Berge des Grenzkamms sehen von der böhmischen Seite fast aus wie unbedeutende Hügel.
Wo vor 10000 Jahren noch die Gletscher der Eiszeit von den Bergen hingen und tiefe Mulden schürften, leuchten heute wie Smaragde fünf große Bergseen aus dem grau-grünen Filz der Wälder. Ihr Verlanden ist eine Frage der Zeit. Nadeln und Zapfen, Sporen, Blüten und Blätter, Zweige, Äste und modernde Stämme müssen sie aufnehmen und »verdauen«. Sie werden sich dadurch langsam in Filze verwandeln. Mit ihren felsstarrenden Seewänden künden besonders Černé jezero (Schwarzer See), Čertovo jezero (Teufelssee) und der kleinere Plešné jezero (Plöckensteinsee) von einer kurzen, »nur« eine Million Jahre währenden, aber besonders wirkungsvollen Epoche der Erdgeschichte, der sie ihre Entstehung verdanken.

## Flüsse und Auen

Die aus den Seen und von den Bergen zu Tal springenden Wildbäche haben sich im nördlichen Böhmerwald tiefe Schluchten gegraben und stürzen – besonders im Ossergebiet – mit mächtigen Wasserfällen über die Felsen, beispielsweise in der Bílá strž (wörtlich übersetzt: Weiße Schlucht, von den früheren deutschen Einwohnern »Lochkammer« genannt). Doch herrschen im Süden in den Hochlagen breite Moortäler vor. Die Bäche umgeben sich dort mit Sümpfen, als wollten sie sich schützen vor der Zudringlichkeit des Menschen.
Das Gebirge gewinnt ganz besonders durch die engen, waldgesäumten und romantischen Täler einiger größerer Flüsse an Reiz. Ihr Bett starrt meist von unzähligen Felsblöcken, die seit Jahrmillionen von den unermüdlichen Wassern gerundet und geschliffen wurden. Steht man am Ufer, so weiß man nicht, ob das Augenmerk mehr der tausendfach gebrochenen Strömung mit ihren Flechtbändern und Wirbeln oder den Steinen gehören soll. Ganz von selbst erhebt sich dabei die Frage nach den Zeiträumen, die solch wundersames Wirken ermöglicht haben.
Die Ufer sind gesäumt von Gräsern und Blumen, darunter die gelben und blauen Schwertlilien, und dem üppig wuchernden Grün aller Nuancen von Büschen und Bäumen, das wie ein grüner Tunnel die Bäche überwölbt.
Wo die Täler breiter werden, haben sich die Auen und Niedermoore angesiedelt, die wieder eine Tiefe von nahezu acht Metern erreichen. In ihren Tümpeln spiegeln sich die blauschwarzen Berge und Wälder. Silbergraue Strünke verkümmerter Fichten ragen aus dem breiigen Grund und das Grün schon in weitem Umkreis ausgestorbener Pflanzen wächst darüber hin wie vor Jahrtausenden. Sie haben ihre eigene urzeitliche Pflanzen- und Tierwelt und finden auf bayerischer Seite nicht ihresgleichen.
Und über das weithin menschenleere Land ziehen die Jahreszeiten mit schier unbeschreiblichen Farben. Sogar die Moore wechseln vom hellen Grün, wenn sie aus der Winterstarre erwachen, über Gelb und Braun bis zum Rotviolett, bevor sie nach kurzem Sommer wieder der Schnee bedeckt.

## Die Moldau

Wie ein Band, manchmal golden und silbern in der Sonne glänzend, windet sich die Vltava (Moldau) zwischen den Waldbergen dahin. Unscheinbar kommt sie als Černý potok (Schwarzer Bach) von der Černá hora (Schwarzberg) und aus nässetriefenden Moorwäldern herunter, belebt die Hochflächen von Kvilda (Außergefield) bis Lenora (Eleonorenhain) und entwickelt sich erst hinter dem Stausee von Lipno (Lippen) und nach den Stromschnellen an der Teufelswand zu voller Schönheit. Weltgewandt und umworben, geliebt und besungen eilt sie als *der* Fluß Böhmens mit 435 km Länge der Goldenen Stadt Prag zu. Nur die dunklen Wasser erinnern noch daran, daß die Moldau eine Tochter des Böhmerwaldes ist. Alte Städte und

Klöster, stolze, auf hohen Felsen thronende Burgen und Ruinen sind wie Perlen an ihr aufgereiht und erzählen von einer reichen Geschichte.
Bevor sie aber das Šumava-Hochland verläßt, enthüllt die Moldau noch zwei Geheimnisse. Da ist zunächst der Stausee von Lipno (Lippen), 44 km lang und 10 km breit, das »Böhmerwaldmeer«, der an Stelle eines in grauer Vorzeit vorhandenen glazialen Sees von Ingenieuren erdacht und in den sechziger Jahren unseres Jahrhunderts gebaut wurde. Auf seinem Grund, von den Wasser überflutet, verbirgt sich das zuvor freiliegende »Herz der Moldau«, Flußwindungen in Form eines Herzens. Und da stellt sich dahinter, am Südende des Sees, die Čertova stěna (Teufelswand) als gewaltiger Felsriegel dem Fluß entgegen. Wo aber vor Jahren noch die Wasser in wilden Katarakten der Wand entlang hinunter stürzten, starrt uns heute blankes Gestein entgegen, da ein Druckstollen sie unterirdisch ableitet. Zur Zeit der ersten Siedler mußte häufig »der Teufel einspringen«, wenn man keine natürliche Erklärung für das Entstehen solcher Naturwunder fand. Wie so vieles im Böhmerwald ist auch die Teufelswand nur eine Laune der Erdgeschichte.

## Das Klima

Man könnte meinen, daß die unbewohnten, moorgrünen Hochflächen, die stillen Wälder und die so viel Ruhe ausstrahlenden Berge ein ideales Erholungsgebiet für die zivilisationsgeplagten Zeitgenossen wären. Der Erholung förderlich sind sie sicher, aber sie sind nicht so harmlos, wie ihr Anblick vermuten läßt.
Wie ein Schwamm saugt das Gebirge die Niederschläge auf. Als riesiges Wasserreservoir, und vor allem auch wegen der Höhenlage vermag es sich auch in heißen Sommern eine erstaunliche Kühle zu bewahren. Zudem verursacht die Sonneneinstrahlung eine stärkere Erwärmung auf der nach Südwesten abfallenden bayerischen Seite des Gebirges. Die langen Schatten auf den nach Nordosten geneigten Hängen bewirken eine zusätzliche Kühlung des Böhmerwaldes und verleihen ihm ein bisweilen unheimliches Aussehen.
Lange, schneereiche Winter, länger und schneereicher als auf bayerischer Seite, und kurze, kühle Sommer kennzeichnen sein Klima. Der »bissige böhmische Wind«, der die Kälte bringt, ist auch in Bayern noch gefürchtet. Ihm sind die Osthänge schutzlos preisgegeben, während die milden Westwinde zum Teil von den Bergen abgefangen werden. Wetterstürze sind selbst im Sommer mitunter gefährlich, da sie frostnahe Temperaturen, tief hängende Wolken und Nebel bringen, die sich noch lange in den Bergen und Wäldern halten, wenn im Flachland wieder die Sonne scheint. Ein Verirren in der wegearmen Wildnis ist für den Ortsfremden oder weniger Geübten dann leicht möglich.

## Die ersten Siedler

Die Besiedlung des Böhmerwaldgebietes erfolgte von bayerischem Gebiet her. Um das Jahr 1000 waren die Tschechen von Osten bis zum Beginn der Gebirgstäler vorgedrungen. Die ansteigenden Waldberge galten noch als herrenloses Land. Erst König Ottokar II. unterstellte es im Jahr 1273 der böhmischen Krone. Die Landesherren sahen es nicht ungern, daß Siedler den unwirtlichen Landstrich mit Leben füllten. Wer die harte Arbeit in den Bergen auf sich nahm, erhielt als Lohn besondere »Rechte auf ewige Zeiten«. Von den »künischen«, also den königlichen Freibauern, wissen wir, daß sie sogar eigene Gerichtsbarkeit, freie Jagd, Fischerei, Brennerei u. ä. ausübten. Sie waren nicht den örtlichen Fürsten, sondern direkt dem König unterstellt, daher der Name. »Niemands Herr und niemands Knecht, das ist künisch Bauernrecht« war ihr Wahlspruch. Und auch die slawischen Choden, die sich in dem von der Further Senke her gefährdeten Tauser Becken als Grenzwächter bewährten, genossen ähnliche Vergünstigungen. Der König gab die Rechte als Ansporn und Lohn, der Staat hat sie aber zu gegebener Zeit wieder genommen.

## Wie es begann

Es mag für die ersten Siedler ein harter Kampf mit der Natur gewesen sein – ein Kampf ums

Überleben. Sie lebten zunächst vom Wald und seinen Gaben – vom Wild, von Pilzen, Waldfrüchten und Kräutern, später von Viehwirtschaft und bescheidenem Ackerbau, sie fischten, fanden Muscheln mit Perlen, entdeckten Erze und schürften nach Gold und Silber. Hohe Abraumhalden, längst wieder vom Waldgestrüpp überwuchert, erzählen noch davon. Auch in den Bächen wurde Gold gewaschen. Sie sind alle goldhaltig, aber so unergiebig, daß es sich heute nicht mehr lohnt, zu suchen.
Glashütten »fraßen« sich in die Waldtäler hinein, sie schlugen den Wald und schufen Weiden für das Vieh und Plätze für neue Siedlungen. Die Hütten lieferten das begehrte Glas. Ihre Kunst trug den Namen »Böhmerwald« hinaus in die Welt. Waldbauernhöfe, Streusiedlungen und Glashütten, aus Holz erbaut und verschindelt, gaben dem stillen Land jahrhundertelang das Gepräge.
Nur an den Rändern des Gebirges konnten sich größere Orte entwickeln. Noch heute sind sie leicht zu unterscheiden nach königlichen und fürstlichen Gründungen. Während die einen den rechteckigen großen Marktplatz und breite Straßen haben, sind die fürstlichen eng gebaut, mit gewundenen Gassen, befestigt und von Burgen überragt. Wo es nicht zur Stadtgründung kam, waren es Burgen, von denen die Fürsten über das Land herrschten.

## Handel und Wandel

Mit dem Entstehen der Glashütten setzte auch eine rege Holzwirtschaft ein. Aus dem überreichlich vorhandenen Rohstoff Holz ließ sich nahezu alles herstellen: Häuser mit Dächern und alles, was zur Einrichtung gehört, Geräte und Werkzeuge, Schüsseln und Teller, Schöpfer und Löffel. Meiler rauchten in den Wäldern und lieferten die geschätzte Holzkohle. Die Buchdruckerkunst wurde zum Erwerbszweig, kaum daß sie von Gutenberg erfunden worden war. Dies bedingte die Herstellung der erforderlichen Werkstoffe; Papierfertigungsbetriebe entstanden.
Selbst menschenfeindliche Moore verstand man zu nutzen. Aus ihnen stach man den Torf. Die Erzeugnisse brachten die Waldbewohner hinaus ins flache Land, wo sie mit den Tschechen zusammenkamen und voneinander lernten.
Mit dem Güteraustausch begann der Handel. Wege wurden angelegt. Von Bayern her waren es die »Goldenen Steige«. Sie verliefen im wesentlichen über Bergrücken und mieden die Täler wegen der Moore und Sümpfe. Auf ihnen brachten Säumer mit Saumpferden (Saum = Fracht) aus dem Donautal das in ganz Böhmen fehlende Salz zu den Umschlagplätzen und nahmen dafür Erzeugnisse des Landes mit hinüber ins Bayerische. Der thüringische Edelmann und Eremit Gunther, der »Apostel des Nordwaldes«, hatte mit seinen Mönchen schon im 11. Jahrhundert von Rinchnach im Bayerischen Wald, einer Gründung des Klosters Niederaltaich, den Gunthersteig über die Berge bis in das Tal der Křemelná geschlagen.

## Der Schwarzenberger Kanal

Als im 18. Jahrhundert die Holzwirtschaft sich zur gezielten Forstwirtschaft entwickelte, bauten die Schwarzenberger, das letzte der über weite Gebiete des Böhmerwaldes herrschenden Fürstengeschlechter, schon 1789 einen Schwemmkanal von fast 45 km Länge, der am Plešné jezero (Plöckensteinsee) beginnt und sich heute noch wie vor 200 Jahren durch die tiefen Wälder zieht. Sogar einen Tunnel von 389 Meter Länge weist er auf. Er wurde als eines der drei »Weltwunder des Böhmerwaldes« bezeichnet. Mit den beiden anderen meinte man die Glaskunst und die Pferdeeisenbahn von Linz nach Budweis. Jedenfalls ist er ein Meisterwerk der damaligen Technik.
Der Schwarzenberger Kanal war Grundlage für die Plöchertrift, die nun einsetzte. Er gab die Möglichkeit, die auf handliche Längen geschnittenen Stämme, die mittlerweile zum Gold des Böhmerwaldes geworden waren, sowohl auf der Donau nach Wien, wie auch auf der Moldau nach Prag, ja sogar über die Elbe bis Hamburg zu flößen.
Selbst die Eisenbahn, die erst vor hundert Jahren in den Böhmerwald vordrang, konnte diesem einmaligen Bauwerk lange nicht den Rang

ablaufen. Noch 1961 wurde auf dem Kanal getriftet.

## Zusammenbruch und Neubeginn

Der erste Weltkrieg mit dem Zerfall der Donaumonarchie und noch mehr die dreißiger Jahre unseres Jahrhunderts brachten eine tragische Wende. Zwei Völker, die jahrhundertelang friedlich nebeneinander lebten, wurden zu Feinden. Die deutschstämmigen Einwohner des Böhmerwaldes wurden aus der Heimat vertrieben, ausgesiedelt, wie man es nannte. Teile des ehemals pulsierenden Lebens erstarben, manches konnte nur mit Mühe den Vorkriegsstand halten.
Aus einem übertriebenen Sicherheitsbedürfnis heraus wurden entlang der Grenze zum Westen Sperrzonen eingerichtet. Man baute Kasernen in die tiefen Wälder und legte schmale Asphalt- und Schotterstraßen an, auf denen die Pohraniční stráž (Grenztruppe) rasch von einem Punkt zum anderen gelangen konnte. Ein Überwachungsnetz mit Beobachtungstürmen, Drahthindernissen und Leuchtschußanlagen erlaubte es den Wächtern, jede Bewegung im Grenzgebiet zu entdecken.
Und jetzt, nachdem diese kostspieligen Einrichtungen wieder abgebaut worden sind, stellen wir fest, daß die spärlichen Wege von einst in den vierzig Jahren eines »Dornröschenschlafs« verwachsen sind. Die Wälder sind noch wilder geworden, noch weltferner und stiller. Der Wanderer, der die Hochlagen des Böhmerwaldes aufsucht, wird dies nicht als Nachteil empfinden. Einen vom Menschen seit fast einem Jahrhundert nicht mehr betretenen Landstrich von 140 km Länge und 5 km Tiefe findet er vor. Welcher Wanderer sehnt sich nicht nach solcher Waldeinsamkeit?
Und dahinter, weiter landeinwärts, erschließt ein seit einem Jahrhundert gewachsenes, gepflegtes und hervorragend markiertes Netz von Wanderwegen Berge, Wälder, Moore und alle Sehenswürdigkeiten. Das Wirken der tschechischen Wandervereine ist in dieser Hinsicht vorbildlich in Europa.
Wer aber durch die Täler fährt – und das mögen die meisten sein – tut gut, sich mit der Geschichte vertraut zu machen, denn hinter den grauen Fassaden der Städte und Dörfer, der Burgen und Ruinen, von Kirchen und Klöstern, weht der Hauch einer großen und wechselvollen Vergangenheit.
In unseren Tagen, da sich vieles zum Besseren entwickelt, ist der Brückenschlag über das Gebirge zum Nachbarvolk wieder so notwendig wie vor tausend Jahren. Vorbei sind die Jahrzehnte des »Kalten Krieges« und des »Eisernen Vorhangs«, als Stacheldraht das Böhmerland von seinen westlichen Nachbarn trennte. Jetzt, nach der friedlichen Revolution der Tschechoslowaken von 1989/90 warten viele Straßenübergänge auf die Besucher aus Bayern. Österreich hat mit Wullowitz und Weigetschlag bei Bad Leonfelden ebenfalls zwei Tore zum Böhmerwald. Mit gültigem Personalausweis, begleitet von freundlichen Worten der Grenzbeamten, begeben wir uns in ein vielen fremd gewordenes und doch vertraut wirkendes Land und dürfen uns darin so frei bewegen wie zu Hause.

## Von Taus nach Klattau

Wo wir unsere Fahrt beginnen, immer werden wir in einer bezaubernden Mittelgebirgslandschaft auch der Geschichte begegnen. So schon im Norden, im reizvollen Chodenland (Chodsko), das wir über den Grenzübergang Furth i. Wald am leichtesten erreichen. Die Choden (von tschechisch: chodit = gehen), von denen der Landstrich den Namen erhielt, siedeln schon, wie es heißt, seit »undenklichen Zeiten« am Further Völkertor zwischen den Bergen. Sie waren slawische Freibauern, wahrscheinlich unter Herzog Břetislav I. nach dem Jahr 1000 dort angesiedelt. Ihre Aufgabe war es, die Grenze zu bewachen, ausländische Kaufleute zur fürstlichen Zollstelle zu geleiten, aber auch in Kriegszeiten Verhaue anzulegen, Feuersignale zu geben und den Ansturm des Feindes aufzuhalten. Dafür erhielten sie weitreichende Privilegien, die von den Königen mehrmals bestätigt wurden. Aber mit zunehmender Besiedelung verlor ihr Grenzdienst an Bedeutung. In der Schlacht am Weißen Berg im Jahr 1620 verloren sie ihre Freiheit. 75 Jahre kämpften sie

noch dafür, bis 1695 ihr Führer Jan Sladký Kozina hingerichtet wurde. Er gilt heute noch als Held und Symbolfigur ihres vergeblichen Kampfes.
Der Stolz auf eine ehrenvolle Vergangenheit und auf ein eigenes Volks- und Brauchtum zeichnet die Choden aus. Sie tragen bei festlichen Anlässen noch heute ihre farbenfrohen Trachten, lieben die Volksmusik und haben Großes in Literatur und Malerei geleistet. Mittelpunkt des Chodenlandes ist Domažlice (Taus), von dem selbst die Tschechen in einem Lied singen, daß sie diese Grenzstadt nicht recht einzuordnen wissen. Die historischen Bauten, das Chodenmuseum und die Häuser mit ihren Kolonnaden rund um den großen Marktplatz können jeden Besucher begeistern.
Das Further Grenzland und das Chodenland bemühen sich schon seit langem um eine gute Nachbarschaft. Eine Städtepartnerschaft zwischen Furth und Taus besteht seit 1991. Bei Taus wurde im Jahr 1431 die Reichtsritterschaft von den Hussiten geschlagen. Im Chodenmuseum ist der Schlachtverlauf dargestellt. Sowohl der »Drachenstich« in Furth i. Wald als auch das Chodenfest in Taus – beide jährlich am 2. Sonntag im August – haben die Hussitenschlacht als Hintergrund.
Eine Fahrt durch den Böhmerwald sollte von hier in die alte Kirchenstadt Klatovy (Klattau) führen. Halbwegs auf der Straße dorthin kommen wir durch Kdyně (Neugedein), wo sich der Paß von Všeruby (Neumark) hinüber in den bayerischen Hohenbogenwinkel öffnet (seit 1990 Straßenübergang). Das Tal wird als »Böhmens Kampfheide« bezeichnet. Im Jahr 1040 wurde hier das Heer des deutschen Kaisers Heinrich III. von Herzog Břetislav I. vernichtend geschlagen. Gunther, der Eremit, auch der »Heilige des Nordwalds« genannt, vermittelte damals zwischen den beiden Herrschern.
Hier beginnt das Künische Gebirge, das im Osser-Zwercheck-Kamm seine markanteste Erhebung hat. Die künischen Freibauern, wie bereits erwähnt ebenfalls privilegierte Siedler, aber bayerischer Herkunft, schlossen sich südlich an die Choden an.
Über Nýrsko (Neuern) und Hojsova Stráž (Eisenstraß) führt die Straße empor zum Špičácké sedlo (Spitzbergsattel), 975 m, der Ausgangspunkt für viele schöne Bergwanderungen ist, und hinüber nach Železná Ruda (Böhmisch Eisenstein), dem bekannten tschechischen Erholungsort mit einer sehenswerten, unter Denkmalschutz stehenden Kuppelkirche. Auch die Eisenbahn bezwingt den Spitzbergsattel, allerdings mit einem 1750 m langen Tunnel, dessen Bau vor hundert Jahren mehrere Menschenleben forderte.
Noch leichter ist dieses Gebiet vom Grenzübergang Bayerisch Eisenstein zu erreichen. Über ihn führt die direkte Verbindung von Deggendorf, Zwiesel nach Klatovy (Klattau) und Plzeň (Pilsen). Klatovy, unser nächstes Ziel sowohl von Taus als auch von Eisenstein, schon im 13. Jahrhundert von König Ottokar II. gegründet, ist eine jener »königlichen« Städte am Rande des Böhmerwaldes, leicht zu erkennen an dem großen, rechteckigen Marktplatz mit den schönen Patrizierhäusern, den vielen Türmen und den breiten Straßen. Die noch gut erhaltenen Befestigungsanlagen stammen aus dem 14. Jahrhundert. Eine Besteigung des Schwarzen Turms und die Besichtigung der Katakomben mit 200 mumifizierten Mönchen sollte man unbedingt einplanen.

## Vydra, Křemelná, Otava

Zu einem großen Gebiet östlich von Železná Ruda verwehrt uns der Zaun eines Truppenübungsplatzes (noch) den Zutritt. Unerreichbar sind uns (zur Zeit) daher die Regenquelle auf dem Hahnenriegel, der Laka (Lakasee), der Prášilské jezero (Stubensee) und Dobrá Voda (Gutwasser), wo der Hl. Gunther 1045 in seiner letzten Klause starb.
Aber das tief eingeschnittene Tal der Otava (Wottawa), das wir auf unserem Weg nach Süden queren müssen, entschädigt uns für das Entgangene. Mit ihren Zuflüssen Vydra und Křemelná bildet die Otava eine der bezauberndsten Flußlandschaften des Böhmerwaldes. Es lohnt, flußaufwärts zu fahren bis Modrava (Mader) in die herrlichen Wandergebiete um Srní (Rehberg) und Antigl, letzteres ein gut erhaltener Hof der Künischen Freibauern, oder einfach irgendwo Rast zu halten, um am felsigen Bach-

bett der Vydra den Wassern zu lauschen. Hier hat vor 970 Jahren der Hl. Gunther aus dem bayerischen Rinchnach den Ureinwohnern schon das Christentum gepredigt. Die romanische Kirche von Mourenec (Maurenzen), hoch über dem Ufer der Otava, ist seine Gründung.
Und wenn wir über die wegen ihrer Zündholzherstellung einst weltbekannte Stadt Sušice (Schüttenhofen) hinaus dem Lauf des Flusses folgen, blicken wir nach wenigen Kilometern staunend hinauf zur mächtigen Burgruine Rabí, die von den Hussiten erzählt. Bei ihrer Erstürmung verlor der ohnehin nur einäugige Feldherr Žižka sein zweites Auge.
Bei der Rückfahrt von Rabí entlang der Otava sollten wir uns am Marktplatz von Sušice die herrlichen Renaissancefassaden einiger Gebäude und bei der Weiterfahrt die vielen gleichartigen Häuser von Dlouhá Ves ansehen. Dieses lange Dorf – so die Bedeutung des Namens – war einst eine Kolonie für Waldarbeiter.

## Gold, Goldene Steige und Salz

Nördlich von Rejštejn (Reichenstein) verlassen wir das Tal der Otava und fahren hinauf zur ehemaligen Goldgräberstadt Kašperské Hory (Bergreichenstein). Wie der Name, so läßt auch ihre großzügige Anlage auf den Stolz und den einstigen Reichtum des Ortes und seiner Bewohner schließen. Bergreichenstein war Endpunkt zweier Goldener Steige über Grafenau – Modrava (Mader) und über Finsterau – Kvilda (Außergefield). Aber nicht nur vom Salzumschlag und dem damit verbundenen Handel, sondern von Gold ist der Ort reich geworden. In der Blütezeit wurde in 300 Stollen nach Gold gegraben. Heute ist nur noch einer in Betrieb. Wie schön die Stadt einst ausgesehen haben mag, läßt die herrlich renovierte Renaissancefront des Rathauses erahnen. Die Wallfahrtskirche »Maria Schnee« am Südrand der Stadt und vor allem die auf dem Fußweg nur eine dreiviertel Stunde entfernte Burg Kašperk (Karlsburg) aus dem 14. Jahrhundert machen Bergreichenstein zu einem Ort, an dem keiner vorbeifahren sollte, der den Böhmerwald besucht.

Über Stachy (Stachau), wo Andreas Hartauer, der Dichter des Böhmerwaldliedes, geboren wurde, erreichen wir Vimperk (Winterberg) und sind überrascht vom mittelalterlichen Gepräge der Stadt, die sich unter dem Fürstlich-Schwarzenbergischen Schloß hinduckt. Winterberg war Ziel des von Freyung über Philippsreut kommenden Goldenen Steigs. Den Reichtum verdankt die Stadt nicht nur dem Salzhandel, sondern auch der Glasindustrie und dem Buchdruck, der seit 1494 nachgewiesen ist. Von hier gingen religiöse Schriften in alle Welt. Sogar Länder des Islam wurden mit Miniaturausgaben des Korans beliefert.
Auf der Weiterfahrt nach Prachatice (Prachatitz) sollten wir in Husinec kurz verweilen, dem Geburtsort von Jan Hus, der im Konzil von Konstanz 1415 als Ketzer verbrannt wurde. Das Feuer seiner militant verbreiteten Lehre versengte im 15. Jahrhundert nicht nur ganz Böhmen, sondern auch weite Gebiete der angrenzenden Länder.
Nur vier Kilometer weiter südlich liegt Prachatice (Prachatitz), der dritte große Salzumschlagplatz am Ende eines Goldenen Steigs. Es war der Prachatitzer Salzsteig, der vom bayerischen Grainet über Bischofsreut, České Žleby (Böhmisch Röhren), Volary (Wallern) herüberkam. Er war wohl der leistungsfähigste unter allen Salzsteigen. In fünf Tagesmärschen trotteten die Säumer mit ihren Saumpferden aus Passau kommend über das Gebirge bis hierher. Der Säumer trug in einer Kraxe 80 Pfund Salz auf dem Rücken, das Pferd hatte in Fässern 350 Pfund geladen. Sie gingen in Geleitzügen von je 20 Einheiten, um sich der Bären, Wölfe und Wegelagerer leichter erwehren zu können.
Der prächtige historische Stadtkern von Prachatitz steht ganz unter Denkmalschutz und spiegelt eine 700jährige wechselvolle Vergangenheit wider, in der Glanz und Reichtum, Elend und Not eng beieinander lagen. Der Salzhandel mit Passau scheint bewirkt zu haben, daß beide Städte auch in Baustil und Kultur Berührungspunkte aufweisen.
Die Goldenen Steige (Zlatá stezka) sind auch in Böhmen gut kenntlich gemacht und auf weite Strecken hin als Wanderwege markiert.

## An der oberen Moldau

Nur Hinweise sollen es sein, was wir in folgender Rundtour zusammenstellen. Manche werden mehrere Tage brauchen zu diesem Erlebnis.

Wenn wir jetzt auf den Spuren des Prachatitzer Salzsteigs über Libínské Sedlo (Pfefferschlag) und Volary (Wallern) – immer den blauschwarzen Rücken des böhmischen Urwaldberges Boubín (Kubany) halbrechts im Blickfeld – hinüberfahren ins Tal der Moldau, reiht sich eine Sehenswürdigkeit und bald flußabwärts auch ein historischer Ort an den andern. Den südlichen Böhmerwald mit dem Moldautal erschließt von Bayern her am besten der Grenzübergang Philippsreut. Von Österreich gelangt man über Wullowitz und Bad Leonfelden per PKW ins Moldaugebiet.

Schon am Grenzübergang stehen wir auf historischem Boden. Hier überschritt der Winterberger Steig, einer der vier Goldenen Steige, die Grenze. Wir haben nun die Möglichkeit, über Horní Vltavice (Obermoldau) entweder zum Urwald des Boubín (Kubany) zu gelangen, der von Kubova Hut' (Kubohütten) am leichtesten zu erwandern ist, oder in das Quellgebiet der Teplá Vltava (Warmen Moldau) bei Kvilda (Außergefield) und Modrava (Mader) zu fahren, wo eine ganze Reihe von Feuchtgebieten und Wäldern zu Naturschutzgebieten erklärt wurden. Auch das herrliche Wandergebiet von Srní (Rehberg) und Antigl mit den Flußtälern von Vydra, Křemelná und Otava öffnet sich von hier.

Aber wir wenden uns nach Osten, überschreiten die Moldau und kommen nach Lenora (Eleonorenhain), einer der bedeutendsten Glashütten Böhmens, die erst 1834 gegründet und nach der Fürstin von Schwarzenberg benannt wurde. Hier hat man die Möglichkeit, preisgünstig ein Andenken an den Böhmerwald zu erwerben; es besteht nämlich Bleikristallverkauf ab Werk. Auf einem Hügel über dem Ort steht das Denkmal von Andreas Hartauer, der in der Hütte als Glasmacher arbeitete. Ein kurzer Besuch der Gedenkstätte könnte der Dank sein, daß er uns das Böhmerwaldlied schenkte.

Im benachbarten Volary (Wallern) sind wir wieder auf dem bereits erwähnten Prachatitzer Salzsteig, der von Bischofsreut über České Žleby kam und durch den von Tiroler Siedlern im 15. Jahrhundert gegründeten Ort verlief. Seine Trasse und einige wenige Holzhäuschen nach Tiroler Bauart sind noch zu sehen.

## In Stifters Heimat

Die Straße über Chlum (Chumwald) nach Südosten führt uns an Moorlandschaften vorbei, unter denen besonders die Mrtvý Luh (Tote Wiese) bekannt ist. Rechts im Tal sehen wir schon bald die nördlichen Ausläufer des Moldau-Stausees.

Von Želnava (Salnau) zweigt eine Straße nach rechts ab über Bělá nach Nová Pec (Neuofen) und führt schließlich zu einem Wanderparkplatz, von dem aus in etwa zwei Stunden der Plešné jezero (Plöckensteinsee) und in weiteren eineinhalb Stunden das Stifterdenkmal und der Plechý (Plöckenstein), 1378 m, zu erwandern sind.

Der Hauptstraße folgend gelangen wir nach Horní Planá (Oberplan), wo Adalbert Stifter geboren wurde. Sein Geburtshaus links der Straße ist zu besichtigen. Denkmal und Museum im Ort sind Beweis, daß auch die Tschechen ihn als einen ihrer großen Dichter verehren.

Bei Černá v Pošumaví (Schwarzberg) queren wir auf langer Dammbrücke einen Arm des Sees und kommen nach kurzer Fahrt durch hügeliges Gelände nach Frymburk (Friedberg), wo die hoch über dem gegenüberliegenden Seeufer aufragende Burgruine Vítkův Kámen (Wittinghausen) unseren Blick bannt, jene Burg, der Stifter in seinem Roman »Witiko« neues Leben gab.

Der nächste Ort, Lipno (Lippen), ist neu erbaut – unweit des alten Holzfällerdorfes gleichen Namens, das heute vom Wasser überflutet ist, aber dem See seinen Namen verlieh. Auf der weiten Wasserfläche tummeln sich Boote und alle Kategorien von Wassersportlern, denn der Moldau-Stausee gilt als größtes und schönstes Wassersportparadies Südwestböhmens.

Unmittelbar hinter Lipno befindet sich die Talsperre. Den Abfluß des Sees bildet ein unterirdischer Stollen von 3,5 km Länge, der die Wasser,

die einst gischtend entlang der Čertova stěna (Teufelswand) talwärts stürzten, unbemerkt einem 170 m tiefer liegenden Elektrizitätswerk zuleitet.
Etwa zwei Kilometer hinter Loučovice (Kienberg) – von einem Wanderparkplatz aus – sollten wir uns einen kurzen Abstecher zu Fuß zur sagenhaften Teufelswand leisten, einem Naturdenkmal, das uns ein wenig zum Sinnieren verleitet, wie aufregend doch die Vergangenheit unserer Erde ist, ein Felsenzirkus, dessen Entstehung die Sage noch interessanter zu erklären weiß als die Geologen.

## Tal der Moldau – Land der Rose

Unterhalb der Teufelswand sehen wir schon nach wenigen hundert Metern die Türme von Vyšší Brod (Hohenfurth), 1259 von Petr Vok von Rosenberg gegründet, mit einem sehenswerten Zisterzienserkloster, das einst Mittelpunkt der Rodung im Südlichen Böhmerwald war. In der Stiftskirche ruhen die Gebeine der vor den Schwarzenbergern so mächtigen Familie der Rosenberger. Am Altar einer Seitenkapelle der gotischen Klosterkirche sehen wir das Bild der berühmten Muttergottes von Hohenfurth, allerdings nur als Kopie. Das Original befindet sich in der Prager Nationalgalerie. Architektonisch wie kunstgeschichtlich interessant sind vor allem der Ostflügel im Konvent, der Kapitelsaal mit den bunten Fenstern und der Kreuzgang. Sie weisen alle die von den Zisterziensern besonders entwickelte Granit-Gotik auf. Vyšší Brod besitzt darüber hinaus die schönste barocke Klosterbibliothek Böhmens. 1422 wurde das Kloster von den Hussiten schwer heimgesucht, 1938 hatte es unter den Nazis zu leiden, nach 1945 bedrängten es die Kommunisten und 1950 wurde es enteignet und zum staatlichen Kulturbesitz erklärt. Das Wappen der Rosenberger, die rote Rose im silbernen Feld, ist hier noch allgegenwärtig.
Jetzt beginnt das anmutige, von Burgen, Ruinen und alten Städtchen gesäumte Moldautal. Nach einer Flußschleife kommen wir durch Rožmberk (Rosenberg), das beherrscht wird von zwei Burgen, von denen die obere, die Burg der Rosen, der Stammsitz derer von Rosenberg war, eines mächtigen Geschlechts, das den böhmischen Königen trotzte. Sie ist bereits Ruine. Nur noch ein grauer Rundturm ragt aus dem Wald.
Die Herkunft der Rosenberger liegt im Dunkel der Geschichte. In ihren Bauten und Künsten zeigt sich eine enge Verbindung mit Passau. Die untere, erhaltene Burg beherbergt ein sehenswertes Museum und befindet sich seit 1945 in staatlichem Besitz.
Die anschließende Fahrt bis Český Krumlov (Krumau) gehört zum landschaftlich schönsten Teil des Moldautales. Geschäftig eilt der Fluß dahin. Seine klaren Wasser umspülen Felsblöcke, die in unvorstellbaren Zeiträumen hierher verfrachtet wurden.
Neugierig nähern wir uns Krumau. Wir haben viel davon gehört, aber die Erwartung wird mehr als erfüllt, wenn wir die Stadt erst sehen. Das mittelalterliche Ensemble und das hoch darüber thronende Schloß fügen sich mit den Windungen der Moldau zu einem herrlich geschlossenen, malerischen Bild. Krumau ist architektonisch ein Kleinod – freilich eines mit vielerorts bröckelnden Mauern, trotz sichtbarer Sanierungsfortschritte. Zugegeben, es wirkt noch etwas verschlafen und verstaubt, aber wenn sich das Land auch wirtschaftlich erholt hat, wird Krumau wieder eines der schönsten Städtchen Europas sein.
Man muß sich im Gewirr der Gassen erst ein wenig zurechtfinden. Die Stadt erstreckt sich über zwei Inseln. Der Stadtkern, im 13. Jahrhundert gegründet, liegt in einer fast kreisrunden Moldauschleife und war einst eine mit Tor und Graben geschützte natürliche Festung. In einer zweiten Flußschleife erhebt sich auf steilem Felsenufer das stolze Schloß. Eine hohe, mehrstöckige Steinbrücke verbindet über einen tiefen Graben hinweg die weitläufigen Gebäulichkeiten untereinander. Neben dem Schloß bestimmt die gotische Pfarrkirche das Stadtbild. In ihrem Nordportal finden wir wieder die fünfblättrige Rose.
Die Besichtigung des Schlosses und der Pfarrkirche sollten nicht versäumt werden. Wir lernen das Staunen über die historisch reiche Vergangenheit dieser Gegend. Die Bären im Burgzwinger, der Maskensaal und ein Schloßtheater mit Requisiten aus der Erbauungszeit sind sehenswerte Besonderheiten. Das Schloß von Krumau

ist nach dem Hradschin in Prag die größte erhaltene Burg des Landes.

## Goldenkron, Maidenstein, Schöninger

Krumau ist auch Ausgangspunkt zu anderen landschaftlich und historisch bemerkenswerten Zielen. Zlatá Koruna (Goldenkron), ein ehemaliges Zisterzienserkloster, von König Ottokar II. im Jahr 1261 gegründet, erreichen wir in wenigen Minuten über eine Abzweigung von der Straße nach Budweis. Inmitten blühender Wiesen und grüner Wälder im Moldautal gelegen, bietet es ein Bild der Ruhe und des Friedens. Das Innere wurde nach dem Dreißigjährigen Krieg teilweise barockisiert, zeigt aber auch noch die von den Zisterziensern entwickelte südböhmische Gotik mit Granit- und Ziegelbauweise. Besondere Überraschungen sind die doppelschiffige Schutzengelkapelle und die 1300–1370 erbaute Klosterkirche »Mariä Himmelfahrt« mit der herrlichen Fensterrose des Querschiffes, den Deckenfresken und der Kopie des berühmten Gnadenbildes von Goldenkron (Original in der Nationalgalerie in Prag). Meisterwerke der Baukunst sind außerdem Kreuzgang und Kapitelsaal.
Nur an Sonntagen während des Gottesdienstes ist die Kirche zugänglich. Die Teilnahme an einer Führung ist zu empfehlen. Wenn auch das Kloster in den Hussitenstürmen geschändet und bereits 1785 aufgelöst wurde, so zeigt es doch noch so viel Schönes, daß alle, die einmal da waren, wiederkommen möchten. Die vielen Münzen in einem rotmarmornen Weihebecken, in dem sich das Kircheninnere spiegelt, sind sichtbarer Ausdruck dieses Wunsches.
Nur vier Kilometer weiter steht hoch über der Moldau auf steilem Felsen die Burgruine Dívčí Kámen (Maidenstein). Die Erlaubnis, die Burg zu bauen, war der Dank Karl IV. an die Rosenberger für deren militärische und finanzielle Unterstützung bei Aktionen, die die Durchsetzung seiner Wahl zum Kaiser zum Ziel hatten. 1384 wurde die Burg fertiggestellt. Der liebliche Name täuscht über die Rolle hinweg, die sie in ihrer kurzen Glanzzeit spielte. Sie diente dem berüchtigten Oldřich von Rosenberg, einem Räuber, Betrüger und Mörder, als Herrschaftssitz. Schon im 15. Jahrhundert war sie Ruine, heute gilt sie als besondere Sehenswürdigkeit dieser Gegend.
Wenn wir jetzt das Tal in nordwestlicher Richtung verlassen, kommen wir nach zwei Kilometern hinüber nach Holubov. Die Straße führt talaufwärts nach weiteren zwei Kilometern zur Station des Sessellifts zum Klet' (Schöninger), 1088 m, einem herrlichen Aussichtsberg im östlichen Šumava-Kamm, der auf gut markierten Wanderwegen von fünf Seiten zu besteigen ist.
Ein langer Sommertag mag zur Neige gehen, und wir werden so viele Eindrücke gesammelt haben, daß wir uns das nahe České Budějovice (Budweis), die sehenswerte Metropole Südböhmens am Rande des Böhmerwaldes, für einen anderen Besuch aufsparen müssen.
Wir fahren zurück nach Krumau, von wo wir entweder moldauaufwärts leicht Hohenfurth und die österreichischen Grenzübergänge erreichen, oder über Hořice na Šumavě (Höritz), das durch seine Passionsspiele bekannt ist, hinüber zum Lipno-Stausee queren können, um über Wallern und Eleonorenhain nach Philippsreut zu gelangen.

## České Budějovice (Budweis)

Diese Stadt allein rechtfertigt einen Besuch. Zwar gehört sie geographisch nicht mehr unmittelbar zum Böhmerwald, aber wenigstens in der menschlichen Vorstellung und kulturell war sie schon immer mit ihm verbunden. Schon vor hundert Jahren war in Budweis der Sitz des rührigen Böhmerwaldvereins, und die Bewohner dieser betriebsamen Großstadt zog es natürlich zu allen Zeiten hinaus in die stillen Wälder, die vor den Toren der Stadt aufsteigen. Was etwa für Regensburg und Passau der Bayerische Wald oder für Linz der Mühlwinkel bedeutet, das war für Budweis schon immer der Böhmerwald.
Budweis ist eine sympathische Stadt. Ihr riesiger, freundlicher Marktplatz mit dem Samsonbrunnen in der Mitte nimmt den Besucher sofort gefangen. Er ist einer der schönsten Plätze des Landes. Schon die Maße, 130 Meter im Geviert, beeindrucken. Die Laubengänge mit

herrlichen Häuserfassaden geben ihm einen außergewöhnlichen Rahmen, in dem das barocke Rathaus mit den Statuen der Gerechtigkeit, Weisheit, Tapferkeit und Vorsicht und die beiden Nobelhotels »Sonne« und »Glocke« besonders auffallen. Schönheit und Weite des quadratischen Marktplatzes beweisen wiederum, daß Budweis eine »königliche« Stadt ist. Und darauf waren die Einwohner immer stolz.
Von König Ottokar II. im Jahr 1265 gegründet, mußte es seine Freiheit oft gegen die machthungrigen Nachbarn, die Rosenberger, verteidigen. Ständige Fehden zwischen dem König und den Fürsten begleiteten Budweis durch die Jahrhunderte. Handel, Bergrecht, Schiffahrt, Maut und Zoll machten die Stadt reich. Das Handwerk und die Braukunst tragen heute noch ihren Ruhm hinaus in die Welt.
Von Budweis aus wurde die Moldauschiffahrt ebenso organisiert wie das Flößen von Holz nach Prag und Hamburg. Die Pferdeeisenbahn von Linz nach Budweis, die bereits auf Schienen lief, war ein Vorläufer der Eisenbahn. Sie wurde am 1. August 1832 in Betrieb genommen und diente vor allem dem Salz- und Gütertransport. Sie war die erste Bahn in Europa. 40 Jahre später wurde sie auf gleicher Trasse von der dampfbetriebenen Eisenbahn abgelöst. Reste der Pferdeeisenbahn sind noch zu sehen.
Der schwarze Turm, 1549–1577 erbaut, ist das Wahrzeichen von Budweis. Er gehört zum Dom St. Nikolaus, der alten Stadtkirche, die seit 1785, als die Stadt Bischofssitz wurde, Kathedrale ist. Das Dominikanerkloster mit Kreuzgang und Kirche aus dem 13. Jahrhundert und der benachbarte Salzstadel bilden die älteste und bedeutendste Baugruppe der Stadt.
Aber auch auf den Besuch der Masné krámy (Fleischbänke), ein sehr originelles Speise- und Bierlokal, sollte man nicht verzichten. Sie verdanken ihre Entstehung Karl IV., der den Verkauf von Fleisch auf dem Marktplatz verbot, und sind berühmt geworden, weil dort das gute 12%ige »Budvar« ausgeschenkt wird, von dem 300000 Hektoliter jährlich in alle Welt versandt werden. Die Stadt, die noch ein unübersehbares k.u.k. Flair zeigt, wird besonders von Österreichern gerne besucht, was bei bayerischen Gästen das Gefühl, in einer typisch österreichischböhmischen Stadt zu weilen, noch verstärken mag.

## Ein Paradies für Wanderer

Die bisherige Einführung in den Böhmerwald wäre nicht ausgewogen, wenn wir nicht auch für den zünftigen Bergwanderer eine besonders schöne Möglichkeit, das Gebirge kennenzulernen, bereithielten. Eine attraktive Tour könnte der Boubín (Kubany) mit seinem Urwald sein. Eine markierte Rundwanderung von etwa fünf bis sechs Stunden bietet sich von Kubova Hut' (Kubohütten) aus an. Für österreichische Besucher wäre auch der Plešné jezero (Plöckensteinsee) mit dem Plechý (Plöckenstein) und dem Dreiländereck von Nová Pec (Neuofen) aus ein schönes Ziel, auch dies eine Wanderung von etwa sechs Stunden. Beide überwinden einen Höhenunterschied von jeweils 1100 m.
Eine der lohnendsten Möglichkeiten findet sich im Ossergebiet im nördlichen Böhmerwald. Vom Grenzübergang Bayerisch Eisenstein kommen wir in wenigen Minuten über Železná Ruda (Böhmisch Eisenstein) zum Špičácké sedlo (Spitzbergsattel), unserem Ausgangspunkt. Sind wir mit zwei Autos unterwegs und hinterstellen eines im sechs Kilometer entfernten und 400 m tiefer liegenden Hamry (Hammern), so können wir die Wanderung um eineinhalb Stunden verkürzen.
Wenn wir der weiß-gelben Bandmarkierung folgen, überschreiten wir schon bald die Straße nach Eisenstein und erreichen auf angenehmem Waldweg nach einer dreiviertel Stunde den Čertovo jezero (Teufelssee) mit einer Fläche von 10,3 Hektar und einer Tiefe von 37 m. Er besticht besonders in den Nachmittagsstunden durch die »höllisch« schwarzen Wälder, die hinter ihm aufsteigen.
Der weiß-roten Bandmarkierung folgend überqueren wir in einer weiteren dreiviertel Stunde den Spitzberg-Zwercheck-Kamm und steigen ab zum Černé jezero (Schwarzen See), der zum Flußgebiet der Moldau und Elbe gehört. Er ist mit 18,5 Hektar Fläche und 40 m Tiefe der größte und tiefste See des Böhmerwaldes. Durch die schwarzen Schatten, welche die 330 m aufsteigende Seewand schon bald am

Nachmittag über den See wirft, wirkt er noch dunkler als der Teufelssee. Im Gegenlicht glitzert er schwarz, grün und silbern – ein unbeschreiblicher Anblick!
Jetzt führt uns die weiß-rote Bandmarkierung am rechten Seeufer entlang, bis ein Knüppelweg rechts abzweigt. Er mündet in eine asphaltierte, ehemals der Grenzwache dienende unbefahrene Straße. Auf ihr überschreiten wir nach 30 Minuten den Bílý potok (Weißer Bach), kommen an der Bílá strž (Weiße Schlucht) vorbei und erreichen nach einer weiteren Stunde den Gütlplatz, einst Berggasthaus, heute nur noch Straßenumkehr.
Von dort steigen wir nochmals in einer dreiviertel Stunde auf dem alten, aber erneuerten und weiß-blau markierten Vorkriegswanderweg zum Großen Osser empor (1293 m), über dessen Felsgipfel die Grenze verläuft und dessen Aussicht im ganzen Böhmerwald nicht ihresgleichen findet. »Prsa mátky Boži«, »Brüste der Muttergottes«, nennen ihn die Tschechen, weil vom Tal und vom Grenzkamm aus gesehen seine beiden Gipfel wie wohlgeformte Brüste in den Himmel ragen.
Wir haben nun die Möglichkeit, entweder auf gleichem Weg durch die einsamen Wälder zurückzukehren, wobei wir bereits vom Schwarzen See aus auf einer Straße zum Spitzbergsattel kommen können, oder wir steigen vom Gütlplatz mit weiß-grüner Bandmarkierung über die Ruinen von Osserhütten auf ehemaliger Grenzkontrollstraße in eineinhalb Stunden nach Hamry (Hammern) ab.
Geübten Berggehern bietet sich eine weitere abwechslungsreiche Variante, nämlich die großartige Überschreitung des Osser-Zwercheck-Kammes – der gleichzeitig Grenzkamm ist – bis zur Höhe 1310 m (etwa 200 m vor dem Gipfel des Zwerchecks) und von da aus der Abstieg nach Nordosten über eine 1000 m lange Schneise durch den verwilderten Bergwald zur 1100 m hoch gelegenen Brücke des Bílý potok, die wir vom Aufstieg her bereits kennen.
Ein direkter Abstieg vom Zwercheck (1333 m) zu einem der beiden Seen wäre zwar interessant, ist aber leider nicht erlaubt, da er durch Naturschutzgebiet führen würde.
Die Wanderzeit für die drei Varianten beträgt sechs bzw. viereinhalb und sieben Stunden.

## Ein guter Rat

Wir wissen jenseits der Grenze freundliche, hilfsbereite und interessierte Nachbarn, mit denen uns eine tausendjährige Geschichte verbindet. Außer der Sprache und einem heute noch unterschiedlichen Lebensstandard haben wir vieles gemeinsam. Selbst das Gebirge trennt nicht, sondern verbindet uns. Auf beiden Seiten spüren wir stark die Bereitschaft zu einem Neuanfang, zu einer Freundschaft.
Seien wir klug! Gehen wir aufeinander zu, gönnen wir aber einander die angestammten Eigenarten! Gerade sie sind das Belebende in einer guten Partnerschaft. Bauen wir mit unseren Nachbarn gemeinsam das »Europäische Haus«, von dem heute so viel die Rede ist! Wenn uns dies gelingt, dann könnte der Böhmerwald sein grüner Garten werden.

*Die folgenden Routen sind als Tagestouren gedacht und führen alle durch die malerische Böhmerwaldlandschaft sowie historisch bedeutende und interessante Orte. Dabei werden wichtige Sehenswürdigkeiten und mehrere lohnende Wanderziele genannt. Besichtigungsschwerpunkte und Aufenthaltszeiten sollen aber nicht vorgegeben werden. Zur zeitlichen Orientierung sei gesagt, daß ungefähr eine Stunde für je 60 km Fahrtstrecke anzusetzen sind. Die darüber hinaus verbleibende Zeit mag jeder nach eigenem Ermessen planen. Für Besucher, die das Genannte ausführlich besichtigen bzw. erwandern wollen, besteht in größeren Orten Übernachtungsmöglichkeit.*

## Tour 1: Chodenland – Künisches Gebirge

Furth i. Wald – Domažlice – Kdyně – Klatovy – Nýrsko – Železná Ruda – Nýrsko – Všeruby – Eschlkam [ca. 130 km]

*als Variante:*
Furth i. Wald – Domažlice – Kdyně – Klatovy – Nýrsko – Železná Ruda – Bay. Eisenstein [ca. 90 km]

Furth i. Wald: Grenzübergang – Folmava – Babylon: beliebter Badeort – Domažlice (Taus): Hauptort des Chodenlandes, Marktplatz mit Kolonnaden, Dekanatskirche, Stadtbefestigung, Chodenburg, Museum, Chodenfest jährlich am zweiten Augustsonntag – Kdyně (Neugedein) – Klatovy (Klattau): Marktplatz mit Rathaus und Schwarzem Turm, Weißer Turm, frühbarocke Jesuitenkirche mit Katakomben, Marienkirche, Befestigungsanlagen – Nýrsko (Neuern) – über Hamry (Hammern) oder Hojsova Stráž (Eisenstraß) zum Špičácké sedlo (Spitzbergsattel): Wanderzentrum und Skigebiet; lohnende Wanderung zum Čertovo jezero (Teufelssee) und Černé jezero (Schwarzer See) sowie auf den Pancíř (Panzer), Můstek (Brücklberg) und Špičák (Spitzberg) – Železná Ruda (Böhm. Eisenstein): Sommerfrische, Wintersportort, barocke Kuppelkirche – Rückfahrt nach Furth i. Wald entweder über Špičácké sedlo, Nýrsko, Všeruby (Grenzübergang) und Eschlkam
oder über Bay. Eisenstein (Grenzübergang), Lam, Neukirchen b. Hl. Blut

## Tour 2: Goldstädte – Goldene Steige – Vydra- und Otavatal

Bay. Eisenstein – Železná Ruda – Klatovy – Sušice – Burg Rabí – Kašperské Hory – Vimperk – Prachatice – Volary – Lenora – Kvilda – Modrava – Rejštejn – Hartmanice – Čachrov – Bay. Eisenstein [ca. 290 km]

*als Variante:*
Bay. Eisenstein – Železná Ruda – Klatovy – Sušice – Burg Rabí – Kašperské Hory – Vimperk – Prachatice – Volary – Lenora – Philippsreut [ca. 200 km]

Bay. Eisenstein: Grenzübergang – Železná Ruda (Böhm. Eisenstein): Sommerfrische, Wintersportort, barocke Kuppelkirche – Klatovy (Klattau): Marktplatz mit Rathaus und Schwarzem Turm, Weißer Turm, frühbarocke Jesuitenkirche mit Katakomben, Marienkirche, Befestigungsanlagen – Sušice (Schüttenhofen): Marktplatz mit Häuserfassaden aus der Renaissance – Rabí: größte Burgruine Böhmens, während der Hussitenkriege und im Dreißigjährigen Krieg zerstört – Weiterfahrt über Sušice – Dlouhá ves (Langendorf): Holzfällerkolonie – Kašperské Hory (Bergreichenstein): Endpunkt eines der Goldenen Steige, ehem. Goldgräberstadt, malerisches Renaissance-Rathaus, in der Nähe Burg Kašperk – Stachy (Stachau) – Vimperk (Winterberg): historische Handelsstadt an einem der Goldenen Steige, altes Buchdruckzentrum im Böhmerwald, Schloß der Fürsten von Schwarzenberg mit Museum – Husinec: Geburtsort des Hussitenführers Jan Hus – Prachatice (Prachatitz): alte Salzhandelsstadt an einem der Goldenen Steige, prächtiger mittelalterlicher Stadtkern, gotische Hallenkirche St. Jakob, Stadtmauer – Libínské sedlo (Pfefferschlag): Wandermöglichkeit zum Libín – Volary (Wallern): Gründung von Siedlern aus Tirol, noch einige wenige Häuser in Tiroler Bauart – Lenora (Eleonorenhain): Glashütte mit Werkverkauf, Denkmal A. Hartauers – Kvilda (Außergefield): 1½std. Fußwanderung zur Moldauquelle – Modrava (Mader): malerisches Vydratal, Gegend mit zahlreichen Mooren, in der Nähe die

Wandergebiete um Srní (Rehberg) und Antigl, (alter Hof künischer Freibauern, jetzt Gasthof) – Rejštejn (Reichenstein): ehem. Goldgräberstädtchen – Hartmanice: ehem. Goldgruben – Petrovice: Wenige Kilometer hinter dem Ort Möglichkeit eines Abstechers nach rechts zur Burg Velhartice – Čachrov (Tschachrau) – Železná Ruda – Bay. Eisenstein: Grenzübergang

## Tour 3: Um den Boubín und durchs Tal der Moldau

Philippsreut – Vimperk – Prachatice – Český Krumlov – Rožmberk – Vyšší Brod – Horní Planá – Volary – Lenora – Philippsreut [ca. 190 km]

*dieselbe Tour von Oberösterreich kommend:*
Wullowitz oder Weigetschlag bei Bad Leonfelden (beide Österreich) – Vyšší Brod – Horní Planá – Volary – Lenora – Vimperk – Prachatice – Český Krumlov – Rožmberk – Wullowitz oder Weigetschlag [ca. 180 km]

Philippsreut: Grenzübergang – Kubova Hut' (Kubohütten): Ausgangspunkt zu Wanderungen auf den Boubín (Kubany) bzw. zum Boubín-Urwald – Vimperk (Winterberg): historische Handelsstadt an einem der Goldenen Steige, altes Buchdruckzentrum im Böhmerwald, Schloß der Fürsten von Schwarzenberg mit Museum – Husinec: Geburtsort des Hussitenführers Jan Hus – Prachatice (Prachatitz): alte Salzhandelsstadt an einem der Goldenen Steige, prächtiger mittelalterlicher Stadtkern, gotische Hallenkirche St. Jakob, Stadtmauer – über Smědeč und Chvalšiny weiter nach Český Krumlov (Krumau): herrliches mittelalterliches Stadtensemble in einzigartiger Lage, Schloßanlage mit Park über der Moldau, spätgotische Stadtpfarrkirche St. Veit, Stadtmuseum, Ausgangspunkt für Fahrten zum Zisterzienserkloster Zlatá Koruna (Goldenkron) mit Kirche, Kreuzgang und Kapitelsaal, zur Burgruine Dívčí kámen (Maidenstein) und zu Wanderungen auf den Aussichtsberg Klet' (Schöninger; Sessellift) – Rožmberk (Rosenberg): Schloß (innen zu besichtigen), Stammburg des Herrschergeschlechts der Rosenberger – Vyšší Brod (Hohenfurth): Zisterzienserkloster mit gotischer Kirche, Kreuzgang und schönster Barockbibliothek Böhmens – Loučovice (Kienberg): vom Parkplatz zwei Kilometer davor Möglichkeit, zur Čertova stěna (Teufelswand) zu wandern, einem sehenswerten Naturdenkmal – Stausee von Lipno: Wassersportparadies, Schiffahrt – Frymburk (Friedberg): Wandermöglichkeit zur Ruine Vitkův kámen (Wittinghausen) – Horní Planá (Oberplan): Geburtshaus Adalbert Stifters mit Museum, Denkmal im Ort – Volary (Wallern): Gründung von Siedlern aus Tirol, noch einige wenige Häuser in Tiroler Bauart – Lenora (Eleonorenhain): Glashütte mit Werkverkauf, Denkmal A. Hartauers – Philippsreut: Grenzübergang.

## Tour 4: Fahrt nach České Budějovice (Budweis)

*Mit einer Fahrt nach Budweis kann auch ein Besuch von Krumau und / oder Prachatitz verbunden werden. Die Alternativrouten wären dann:*

Philippsreut – Volary – Prachatice – České Budějovice [ca. 85 km]
České Budějovice – Český Krumlov – Philippsreut [ca. 90 km]

*oder von Oberösterreich kommend:*
Wullowitz oder Weigetschlag bei Bad Leonfelden (beide Österreich) – Český Krumlov – České Budějovice [ca. 65 km]
České Budějovice – Prachatice – Volary – Wullowitz oder Weigetschlag [ca. 125 km]

Budweis ist eine überaus sehenswerte, am östlichen Rand des Böhmerwaldes gelegene Großstadt mit ca. 100 000 Einwohnern und zahlreichen schönen Baudenkmälern, z. B.: riesiger Marktplatz mit Samsonbrunnen und prächtigen Bürgerhäusern, Rathaus, mehrere Kirchen, Dominikanerkloster mit Kirche und Kreuzgang, außerdem die »Fleischbänke«, ein traditionsreicher Gasthof mit Ausschank des berühmten »Budvar«, des kräftigen Budweiser Bieres.

Klatovy (Klattau), von König Ottokar II. im Jahr 1262 gegründet, ist das Tor zum nördlichen Böhmerwald. Der 75 m hohe Schwarze Turm mit dem Rathaus, die barocke Jesuitenkirche mit den Katakomben und der weite Marktplatz sind zusammen mit der gotischen Marienkirche, dem Weißen Turm und den Befestigungsanlagen wahrhaft Attribute einer »königlichen Stadt

Die aus dem späten 17. Jahrhundert stammende, von Kilian Ignaz Dientzenhofer vollendete Jesuitenkirche St. Ignatius. In ihrer Krypta liegen 200 mumifizierte Mönche. Daneben der Schwarze Turm.

Detail am Portal der Marienkirche.

Der Osser beherrscht mit seinen beiden Gipfeln die Täler Böhmens und Bayerns gleichermaßen. »Prsa mátky boži«, »Die Brüste der Muttergottes«, nennen ihn die Tschechen. Bei dem langen Aufstieg vom Schwarzen See durch die stillen Wälder zeigt er nur einmal seinen 1293 m hohen Gipfel, über den die Landesgrenze verläuft.

Am Čertovo jezero (Teufelssee). Unbeschreiblich schön ist gegen Abend das Farbenspiel zwischen Sonne, Schatten, Wasser und Wald. Mit 10,3 Hektar Fläche und 37 m Tiefe ist er wie alle anderen Seen des Gebirges von Gletschern der Eiszeit geformt. Seine Wasser fließen ins Schwarze Meer.

Der Černé jezero (Schwarzer See). Wie dunkle Augen blicken die Seen aus dem Meer der Wälder. Mit 18,5 Hektar Fläche und über 40 m Tiefe ist er der größte und tiefste von allen Seen des Böhmerwaldes. Er gehört im Gegensatz zum benachbarten Teufelssee zum Einzugsgebiet der Elbe. Die geheimnisvollen Wasser eignen sich für Sagen und Legenden. Nach dem Krieg ging das schaurige Gerücht durch die Presse, daß auf dem Grund des Teufelssees ein ganzer Troß von Wagen, Pferden und Soldaten mit weit aufgerissenen Augen stehe. Und die Sage berichtet, daß der Schwarze See jene Stelle markiere, wo ein dritter Ossergipfel durch Gottes Fluch in der Tiefe versank.

Ein beliebtes Wander- und Wintersportgebiet ist die Region um den Špičák (Spitzberg) und den Pancíř (Panzer) in der Nähe von Železná Ruda (Böhmisch Eisenstein). Ein Sessel- sowie mehrere Schlepplifte erschließen Abfahrten aller Schwierigkeitsgrade.

Železná Ruda (Böhmisch Eisenstein). Die riesige Zwiebelkuppel der auf dem Grundriß eines sechszackigen Sterns mit abgestumpften Spitzen im Jahr 1731 erbauten, byzantinisch anmutenden Barockkirche zur »Hilfreichen Jungfrau Maria« ist das Wahrzeichen des Fremdenverkehrsortes, dessen Name auf ein bereits im 18. Jahrhundert stillgelegtes Bergwerk zurückgeht. Das Kircheninnere birgt ein wertvolles Madonnenbildnis, dessen Schöpfer möglicherweise Lukas Cranach ist.

Unweit von Klattau im Tal der Uhlava (Angel) in Richtung Kdyně steht das Neo-Renaissance-Schloß Bezděkov (Bezdekau), 1855 erbaut. Nebengebäude und einige Häuser im Ort sind im selben Stil errichtet. Nicht versäumen sollte man eine Besichtigung des weitläufigen Schloßparks mit seinem herrlichen Baumbestand von 350jährigen Eichen.

Junger Rauhfußkauz. Mit Waldkauz und Uhu lebt er in den Bergwäldern, während in tieferen Lagen Steinkauz und Schleiereule zuhause sind.

Sušice (Schüttenhofen; Abbildungen oben und rechts oben) an der Otava, königliche Gründung aus dem 12. Jahrhundert und Tor zum Böhmerwald, erlangte in späteren Jahrhunderten Weltruf durch seine Zündholzherstellung. Päpste, Sultane und viele Herrscherhäuser wurden damit beliefert. Ursprünglich war Sušice Goldwäschersiedlung. Der Name leitet sich ab von tschechisch: sušit = trocknen (des gewaschenen Goldsandes). Die Stadt, an Bayernweg und Gunthersteig gelegen, wurde im Mittelalter wohlhabend durch den Handel mit Salz gegen Gold, Hopfen und Malz. Die Renaissancefassaden einiger Häuser spiegeln noch den Glanz vergangener Zeiten wider.

Die Burg Rabí wurde im 14. Jahrhundert erbaut und galt als uneinnehmbar. 1421 wurde sie vom hussitischen Heerführer Jan Žižka dennoch erobert, nach den Hussitenkriegen wieder aufgebaut und stark befestigt, aber im Dreißigjährigen Krieg endgültig von den Schweden zerstört. Sie ist die größte Burgruine Böhmens.

MUSEUM
hodiny
klenoty

Kašperské Hory (Bergreichenstein). Die farbenfrohe Renaissancefassade des Rathauses zeigt wie die ganze behäbige Anlage des Ortes den einstigen Stolz und Reichtum der Stadt. Sie war Ziel zweier Goldener Steige. 1584 wurde sie »königliche« Stadt. In ihrer Blütezeit wurde aus 300 Stollen Gold gegraben, heute nur noch aus einem, dem »Stollen der Hoffnung«.

Strašín. Etwa 8 km nordöstlich von Kašperské Hory (Bergreichenstein) liegt Strašín mit seiner Kirche aus dem frühen 14. Jahrhundert. Sie wurde in den Jahren 1736–39 barockisiert und ist heute noch eine gern besuchte Wallfahrtsstätte.

Die Burg Velhartice südöstlich von Klatovy (Klattau) stammt aus dem frühen 14. Jahrhundert und steht auf einem von der Ostružná umflossenen Felsen. Palast und Turm sind durch eine Steinbrücke miteinander verbunden. Ihre zylindrischen Pfeiler sind einmalig in Böhmen.

In der Gegend von Kašperské Hory (Bergreichenstein). Der Blick schweift über blauschwarze Waldwogen, grüne Täler und die Kronen herbstlich leuchtender Bäume. Bilder wie diese sind überaus typisch für den Böhmerwald.

Die Burg Kašperk (Karlsburg) wurde in den Jahren 1356–1361 von Kaiser Karl IV. zum Schutz der Goldgruben dieser Gegend errichtet. Von Bergreichenstein in einer dreiviertel Stunde zu Fuß erreichbar, lohnt ein Aufstieg zu der mächtigen Anlage nicht zuletzt wegen des herrlichen Ausblickes.

Stachy (Stachau). Hier wurde 1839 Andreas Hartauer geboren, der später Berühmtheit erlangen sollte. Er arbeitete als einfacher Glasmacher und schenkte der Welt das Lied: »Tief drin im Böhmerwald ...«

Abbildungen auf dieser Doppelseite: In der Umgebung von Srní (Rehberg). In den Hochtälern des Böhmerwaldes werden die Grenzen zwischen Schöpfung und Menschenwerk besonders deutlich. Wenn aber die Ernte eingebracht ist, und die Birken sich färben, sind Wald, Steinriegel und Talwiesen ein einziges grenzenloses Wanderparadies. Srní und der nicht weit entfernte Ort Modrava (Mader), beide im Herzen des Böhmerwaldes gelegen, eignen sich gut als Ausgangspunkte für ausgedehnte Touren.

Klostermannova chata (Klostermann-Hof) am Ortsrand von Srní (Rehberg), ein typischer Böhmerwald-Hof, breit ausladend, mit Holzschindeldach, Glokkentürmchen und einem Röhrlbrunnen mit kristallklarem Wasser. Hier nahm Karel Klostermann, Autor vieler Schilderungen des Böhmerwaldmilieus des 19. Jahrhunderts, seinen Aufenthalt.

Wo die von den ausgedehnten Hochmooren um Rachel und Lusen kommenden Wasser sich zum Fluß Vydra vereinigen, liegt in überaus reizvoller Lage die Streusiedlung Mader (Modrava), heute bekannte Sommerfrische, ehemals Rastplatz am Goldenen Steig, der von Grafenau, Waldhäuser nach Bergreichenstein verlief.

Der Antiglhof (oben) im romantischen Tal der Vydra, ursprünglich Hof künischer Freibauern, hat als Anziehungspunkt des Fremdenverkehrs (Gasthof) die Zeit überdauert. Die zahllosen gerundeten Blöcke im Fluß berichten von Jahrmillionen der Erdgeschichte. Dazwischen rauschen, vieltausendfach gebrochen und umgeleitet, gischtend und stäubend die moorigen Wasser zu Tal.

Auch die Autotouristen, die Nomaden unserer Zeit, hier auf einem Campingplatz bei Antigl, haben das herrliche Vydratal entdeckt, an dessen Oberlauf sich nicht nur ein hochromantischer Wanderweg entlangzieht (Abbildung rechts), sondern das sich weiter unten, ab der Stelle, ab der die Vydra Otava genannt wird, auch zum Kajak-Fahren eignet.

Strömende Wasser, Felsen und wuchernder Wald kennzeichnen die tiefen Täler im Böhmerwald. Solche Wasser dienten dem Komponisten Smetana als Anregung zu seiner bekannten Tondichtung »Die Moldau«.

Der Lusen (Luzny), 1374 m, mit Blick auf die tschechische Seite und die Streusiedlung Březník (Pürstling) mit dem Hranicní slat' (Lusenfilz). Von den Blöcken des Lusengipfels schaut man hinunter auf das Becken eines einstigen Sees. Im Laufe der Zeit ist er zum Filz geworden. Seine Wasser fließen der Vydra zu.

Der Lusen von der tschechischen Seite aus gesehen Blick von Březník (Pürstling) zum blockübersäter Gipfelaufbau, der sich auf bayerischem Gebiet befindet. Die Waldgrenze darunter bildet die Landesgrenze. Über den Pürstling führte einst der Bergreichensteiner Goldene Steig.

Der Boubín (Kubany), 1362 m, Blick von Nordosten mit der Ortschaft Šumavské Hoštice. Er ist der mächtigste Berg im östlichen Höhenzug des Böhmerwaldes. Wie ein blauschwarzer Wal scheint er emporzutauchen aus dem welligen Umland. Nicht zuletzt durch seinen Urwald – bereits seit 140 Jahren Naturschutzgebiet – ist er bekannt geworden.

Vimperk (Winterberg). Die Stadt am Goldenen Steig – wie so mancher Ort im Böhmerwald eine Gründung König Ottokars II. – ist durch den mittelalterlichen Handel reich und später durch die Buchdrukkerkunst berühmt geworden, u. a. durch den Druck religiöser Schriften, ein Erwerbszweig, der bis heute existiert. Winterberg wird überragt von der Burganlage der Fürsten von Schwarzenberg, die mit Mauer und Graben in die Stadt eingebunden ist. Heute beherbergt die Burg verschiedene Museen.

In der Gegend rund um den Boubín. Wenn im Frühherbst nach Regentagen die Sonne wieder scheint, hat sich das Sommer-Grün der Birken in leuchtendes Gold verwandelt. In den Bergwäldern halten sich zwar oft noch lange Nebel und Wolken, dennoch ist der Herbst die ideale Zeit für Wanderungen im Böhmerwald.

Čertovy proudy (Teufelsschwellen) an der Moldau unterhalb des Stausees von Lipno. An diesen Wassern sitzen heißt nicht nur sehen und hören, sondern auch einen gedanklichen Ausflug unternehmen in die jahrmillionentiefe Erdgeschichte, ein erregendes Erlebnis der Zeiten und Naturgewalten, ein besseres Verstehen der Gegenwart und des eigenen Ichs.

Alte Holzbrücke über die Teplá Vltava (Warme Moldau) bei Lenora, dem Hauptort für Glasbläserei im Böhmerwald. Einst stolzes Bauwerk – dann nicht mehr gebraucht. Man ging andere Wege. Die Technik war der Technik Feind. Heute nur noch Zeuge vergangener Zeiten.

Roklanská slat' (Weitfäller Filz) mit dem Doppelgipfel des Rachel. Eines der wildesten, zugleich aber charakteristischsten Gebiete des Böhmerwaldes. Wie nasse Schwämme liegen die Filze in den Bergen. Wo sie den Wald nicht mehr tragen, wuchern mannshohe Latschen und Moorpflanzen.

Tříjezerní slat' (Dreiseenfilz) in der Nähe von Kvilda (Außergefield). Hier wird man Zeuge des Wirkens der Erdgeschichte. Das Wurzelgeflecht des Waldes ist über die Wasseroberfläche gewachsen und läßt hier und da noch Tümpel mit schwankenden Ufern frei, die wie dunkle Augen anmuten und die in Jahrtausenden zugewachsen sein werden.

Abbildungen rechts: Chalupská slat' ein ausgedehntes Moorgebiet bei Borova Lada (Ferchenhaid). Diese unberührten Feuchtgebiete sind Paradiese für Wasservögel und Moorpflanzen. Die tschechische Regierung hat viele von ihnen unter Naturschutz gestellt. Mit Blumen und Gräsern, mit Latschen und Unterwassergewächsen versucht das Land Fuß zu fassen im Moor, ein ewiges, kaum wahrnehmbares Ringen, von dem dürre Strünke künden.

Stožec Kaple (Tusset-Kapelle). Auf dem Tussetberg, nur eine Fußstunde vom bayerischen Übergang Haidmühle (für Fußgänger geöffnet) entfernt, war sie jahrhundertelang gemeinsames Wallfahrtsziel der Bayern und Böhmen. In der Zeit des »Kalten Krieges« verfiel sie, wurde aber 1990 wieder aufgebaut. Eine Kopie der Kapelle steht im bayerischen Philippsreut.

Prachatice (Prachatitz) Stadtpfarrkirche St. Jakob. Neben einer Reihe anderer aus dem Mittelalter stammender Bauten ist auch die spätgotische Jakobskirche mit ihrem herrlichen Gewölbe sehr gut erhalten. Ihre eigenwillige Turmarchitektur und die spitzen roten Dächer prägen die Silhouette der Stadt.

Der Marktplatz von Prachatitz mit dem Rathaus. Die Stadt war Salzumschlagplatz am Goldenen Steig, der von Passau über Grainet, Bischofsreut und Böhmisch Röhren kam. Das mittelalterliche Gepräge der Stadt und schöne, teilweise mit Arkaden gesäumte Bauten zeugen noch vom einstigen Reichtum. Der ganze Stadtkern steht unter Denkmalschutz.

Prachatitz war eine lebhafte Handelsstadt. Ihre Blüte dauerte vom 15. bis 17. Jahrhundert. In Fassaden und Giebeln, Türmen und Erkern spiegelt sich bürgerliches Selbstbewußtsein und scheint die alte Zeit eingefangen.

Fassadenmalerei gehört seit den Tagen des Mittelalters zu den »Medien«. Dargestellt wurden u.a. erbauliche Episoden aus der Stadtgeschichte und gute Ratschläge an die Bürger. Die tausendjährige Stadt hat uns ihre Geschichte und den Geist, der sie beseelte, in Bildern wie dem rechtsstehenden an einem Gebäude am Marktplatz überliefert.

Horní Planá (Oberplan), Geburtsort Adalbert Stifters nach seiner eigenen Darstellung. Das Gemälde befindet sich im Stiftermuseum, im Geburtshaus des Dichters. Er war nicht nur ein Meister des Wortes, sondern, was nur wenige wissen, auch ein Meister der Farbe.

Alpenblick aus der Gegend um den Stausee von Lipno. An klaren Tagen sieht man die Berge – hier das Dachsteinmassiv – manchmal zum Greifen nahe. Schemenhaft scheinen Gipfel und Gletscher über den dunstigen Tälern zu schweben.

Gesteinsformationen wie hier am Steinernen Meer zwischen Plöckenstein und Dreisessel findet man vielerorts im Böhmerwald. Als vor 10 000 Jahren die Gletscher der Eiszeit tauten, hinterließen sie überall aufgerissene Bergflanken. Der Flora ist es vielfach noch nicht gelungen, sie mit Humus zu überdecken.

Das Stifterdenkmal über der Plöckenstein-Seewand. Daß es in den Zeiten der Vertreibung und des »Kalten Krieges« nicht gestürzt wurde, liegt vielleicht daran, daß auch die Tschechen Stifter für einen bedeutenden Literaten ihres Landes halten.

In 1090 m Höhe am Fuß des Plechý (Plöckenstein) liegt der Plešné jezero (Plöckensteinsee) mit 7,4 Hektar Fläche und 18 m Tiefe. Er ist besonders durch Stifter bekannt geworden. Er verglich ihn mit einer »versteinerten Träne, gefaßt von der Braue des Urwalds«.

Vorhergehende Doppelseite: Blick vom Stifterdenkmal nach Osten über den Stausee von Lipno.

Der Plechý (Plöckenstein), mit 1378 m der höchste Berg des Böhmerwaldes auf tschechischem Gebiet, ist Grenzberg zu Österreich. Unweit von seinem bewaldeten Gipfel liegt das Dreiländereck, wo sich Bayern, Böhmen und Österreich in einem Punkt berühren.

Ruine Vítkův Kámen (Wittinghausen) südwestlich von Frymburk am Stausee von Lipno. Hoch über den Wäldern steht der graue Würfel des Bergfrieds. Von hier schaute Stifter gerne hinunter auf seine Heimat. Wie sagte er? »... Keine Waffen hängen mehr an den Mauerbögen, als die hundert goldenen Pfeile der schief einfallenden Sonnenstrahlen ...«

Blick vom Klet' (Schöninger) in das Tote Gebirge und die Berge des Salzkammerguts.

Aussichtsturm auf dem Klet' (Schöninger). Von ihm bietet sich einer der schönsten Fernblicke Böhmens: Zu den Bergen des Böhmerwaldes, in die Niederungen von Krumau und Budweis und bis zu den Firngipfeln der Alpen. Der Klet' ist zu Fuß von mehreren Seiten oder mit dem Lift von Nordosten aus zu erreichen.

Das ehemalige Zisterzienserkloster Zlatá Koruna (Goldenkron), von König Ottokar II. im Jahre 1263 gegründet, 150 Jahre Zankapfel zwischen König und Fürsten, wurde in den Hussitenkriegen verwüstet und entehrt und von den Rosenbergern endgültig beraubt. Erst in der Barockzeit erstrahlte es in neuem Glanz und ist heute noch ein Juwel des Böhmerwaldes.

Kreuzgang und Kapitelsaal des Klosters. Seine Blütezeit lag im 14. Jahrhundert. Auch der Kreuzgang (oben), später barockisiert, stammt aus dieser Zeit. Trotz Verwüstung durch Krieg und Brand, trotz Auflösung des Klosters bereits Ende des 18. Jahrhunderts und Verwendung als Fabrik birgt es viel Sehenswertes für den Besucher. Auch der Kapitelsaal ist ein Meisterwerk zisterziensischer Steingotik. Streng und klar wie der Lebensstil des Ordens war die Baukunst. Der Granit des Böhmerwaldes als Werkstoff zwang zur Einfachheit und zu neuen Formen.

Ruine Dívčí Kámen (Maidenstein). Ein wahrhaft schmeichelhafter Name für die bröckelnden Mauern. In ihnen hauste im 14. Jahrhundert der berüchtigte Oldřich von Rosenberg, ein adeliger Räuber und Mörder, ein Mächtiger in den Hussitenwirren. 1541 war die Burg bereits wieder Ruine.

Český Krumlov (Krumau), ein einzigartiges Kleinod in der Juwelenkette der Moldau. Man darf sich Krumau mit großen Erwartungen nähern, Erwartungen, die erfüllt werden, sobald man in die Stadt eintritt. Die mächtige Burg, schon 1253 erwähnt und Sitz der Wittigonen, und die mittelalterliche Stadt fügen sich mit den Windungen der Moldau zu einem traumhaft schönen Bild.

In Krumaus schmalen Gassen hat man das Gefühl, Jahrhunderte schauten auf den Besucher herab. Und immer wieder erscheinen hoch über den Dächern Turm und Schloß, als wollten sie heute noch herrschen über Stadt und Land.

Blick zur Stadtpfarrkirche. Wo die Moldau zur ersten großen Schleife ansetzt, steht hoch auf dem felsigen Ufer die 1407–39 erbaute Kirche St. Veit. Ihr schlanker Turm und das himmelstrebende Dach bestimmen zusammen mit dem Schloß das Bild der Stadt.

Der quadratische Marktplatz von Krumau ist »konserviertes 16. bis 18. Jahrhundert«. Die Bürgerhäuser mit ihren abwechslungsreichen Fassaden, Erkern, Toren und Lauben zeugen von einstigem Wohlstand und stark entwickeltem Selbstbewußtsein ihrer Bewohner.

Man sollte die Bauten am Marktplatz am besten alle einzelnen betrachten, jedes Haus ist ein Individuum und doch fügen sich die so unterschiedlichen Giebel und Fronten zu harmonischer Geschlossenheit.

Detailansicht eines Wappens an der Stadtapotheke (tschechisch: lékárna, vgl. Abb. oben).

Auch Dächer, die sich zu einem bunten Mosaik fügen, können viel erzählen: über Wachstum und Stillstand, Reichtum und Armut, über die Zeit und ihre Nöte.

Farbiges Fresko im Schloß, das oft baulich verändert und erweitert wurde. Der Maskensaal mit der Darstellung einer ausgelassenen Karnevalsgesellschaft aus der Mitte des 18. Jahrhunderts hat nicht seinesgleichen in Europa.

Im städtischen Museum von Krumau. Kunsthistorische Objekte und volkskundlich interessante Gegenstände wie der hier abgebildete Schrank, die Wiege und das Mobiliar geben Einblick in die lebhafte Vergangenheit der Stadt.

Schloß Rožmberk (Rosenberg) an der Moldau. Eigentlich handelt es sich um zwei Burgen. Die obere, verfallene, die nur noch durch den grauen Rundturm eindrucksvoll markiert wird, war der Stammsitz der mächtigen Rosenberger, die Burg der Rosen, an die auch ihr Wappen, die fünfblätterige Rose erinnert. Die untere, weitläufige und repräsentative Anlage wurde später errichtet.

Zusammen mit dem böhmischen und dem ungarischen Enzian ist der Türkenbund eine der seltensten Blumen des Böhmerwaldes; beide sind geschützt.

Die Glaskunst hat den Böhmerwald bekannt gemacht; sie blickt zurück auf eine 500jährige Tradition. Tausende kunstvoller Gläser gingen in alle Welt. Hier ein besonders schönes Exemplar, ausgestellt in den Räumen von Schloß Rosenberg.

Kloster Vyšší Brod (Hohenfurth) an der Moldau. Im Jahre 1259 gegründet, war dieser Ort Kultur- und Rodungsmittelpunkt des südlichen Böhmerwaldes. Baulich ist das Kloster ein Meisterwerk der Zisterziensergotik. Im hohen Kirchenraum mit seinem Kreuzrippengewölbe fanden die mächtigen Rosenberger ihre letzte Ruhe.

Die Bibliothek von Hohenfurth besticht durch ihre Barock- und Rokokoausstattung und enthält seltene Manuskripte und Bücher aus der Zeit des frühen Buchdrucks. Mit insgesamt 70 000 Bänden ist sie die bedeutendste Klosterbibliothek Böhmens.

Fensterrosette in der Klosterkirche.

České Budějovice (Budweis). Die Stadt am Zusammenfluß von Moldau und Malše wurde 1265 unter König Ottokar II. gegründet. Der weite Marktplatz mit dem monumentalen Samsonbrunnen, dem barocken Rathaus, dem Schwarzen Turm und einer Kette von historischen Häusern mit Laubengängen gilt als einer der schönsten in Böhmen.

Auf dem Stausee von Lipno (Lippen). Wo früher die Moldau in Windungen malerisch dahinfloß breitet sich heute das »Böhmerwaldmeer« aus, ein beliebtes Wassersportparadies. Das Holzfällerdorf Lipno, das vom Wasser überflutet wurde, gab dem See seinen Namen.

Kajakfahrer auf der Moldau unterhalb des Stausees. In den stürzenden, schäumenden Wassern bei der Teufelsmauer finden Wassersportler ihr nasses Vergnügen. Nach diesen letzten wilden Sprüngen legt die Moldau ihr jugendliches Ungestüm ab und windet sich in zahlreichen Schleifen der »Goldenen« Stadt Prag zu.

Čertova Stěna (Teufelsmauer), ein Felsriegel, der sich vor den Lauf der Moldau legt, ein eindrucksvolles Naturdenkmal in der Nähe von Vyšší Brod (Hohenfurth). Die Wasser, die einst ihr entlang zu Tal rauschten, leitet heute teilweise ein unterirdischer Stollen in ein tiefer liegendes Kraftwerk.

Sommerliche Schiffsparade auf der Moldau in der Nähe von Vyšší Brod (Hohenfurth). Warum sollte es auf einem so »ernsten« Fluß nicht auch einmal lustig zugehen?

Unermeßlich ist der Reichtum des Böhmerwaldes an Holz. Was noch vor Jahrzehnten durch ein Heer von Waldarbeitern in harter Handarbeit zu leisten war, verrichten heute moderne Maschinen. Nach wie vor gilt die Holzwirtschaft als einer der Hauptproduktionszweige im Böhmerwald. Ein großer Teil der eingeschlagenen Holzmenge geht ins Ausland.

Nur sehr selten wird man als Wanderer freilebende Wildschweine zu sehen bekommen, eher wird man auf ihre Spuren treffen.

Viele alte Bauernhöfe sind in den Jahren nach dem Krieg verfallen oder ganz verschwunden. Oft wurden sie auch zu Ferienhäusern städtischer Bewohner umfunktioniert.

Landwirtschaftliche Produktions-Genossenschaften nach dem Vorbild sowjetischer Kolchosen wurden auch im Böhmerwald angesiedelt. Die Tätigkeit selbständiger Bauern wurde weitgehend ersetzt durch mechanisierte und planwirtschaftliche Kollektiv-Arbeit.

Mit über einem Meter Höhe und bis zu 30 Glocken an einem Stengel, von weiß bis dunkelrot, steht die Digitalis (Fingerhut) in Kolonien an Waldrändern und Lichtungen.

Bauernhäuser im Böhmerwald-Stil (oben), während der Hof (rechts oben) den slawischen Baustil repräsentiert wie er in ganz Böhmen verbreitet ist. Der Unterschied zwischen dem deutsch-stämmigen und dem tschechischen Volkstum war nicht nur an der Sprache, sondern auch an Kleidung, Architektur und Brauchtum zu erkennen.
Nicht der Frost hat das Mühlrad eines Bauernhauses bei Jesení (Nähe Železná Ruda) angehalten, sondern die Zeit, denn auch im Böhmerwald war das Neue stets des Alten Feind. So ist manches erhaltenswerte Idyll verloren gegangen, vieles konnte aber auch erhalten werden, so diese Kapelle in Mladíkov (Nähe Stachy), die noch zum täglichen Mittagsläuten dient.

DOMAZLICE
BABILON
CERCHOV
KLATOVY
KDYNE
DREI-
WAPPEN
FOLMAVA
VSERUBY
FURTH i WALD
ESCHLKAM
NYRSKO
PRENET
CACHROV
Ostruzna
RABI
HOHER
BOGEN
NEUKIRCHEN
b. HL. BLUT
VEL.
HARTICE
CHAM
Chamb
OSSER
HAMRY
MUSTEK
SUSICE
PETROVICE
Regen
PANCIR
KÖTZTING
weißer Regen
LAM
ZWERCH
ECK
HARTMANICE
SPICAK SEDLO
Kremelna
KREMELNA
KAITERS-
BERG
CERT STENA
ZELEZNA RUDA
ARBER
Laka
BAYR.
EISENSTEIN
LAKABERG
HUFSKA
HORA
VIECHTACH
FALKENSTEIN
SRNI
Pr. jez.
Schwarzer Regen
Gr. Regen
POLEDNIK
ANTIGL
MODRAVA
Kl. Regen
ZWIESEL
RACHEL
CERNA
HORA
REGEN
LUSEN
STRAUBING
SPIEGELAU
GRAFENAU
DEGGENDORF
SCHÖNBERG
BAYERN
WALDKI
Donau
PASSAU

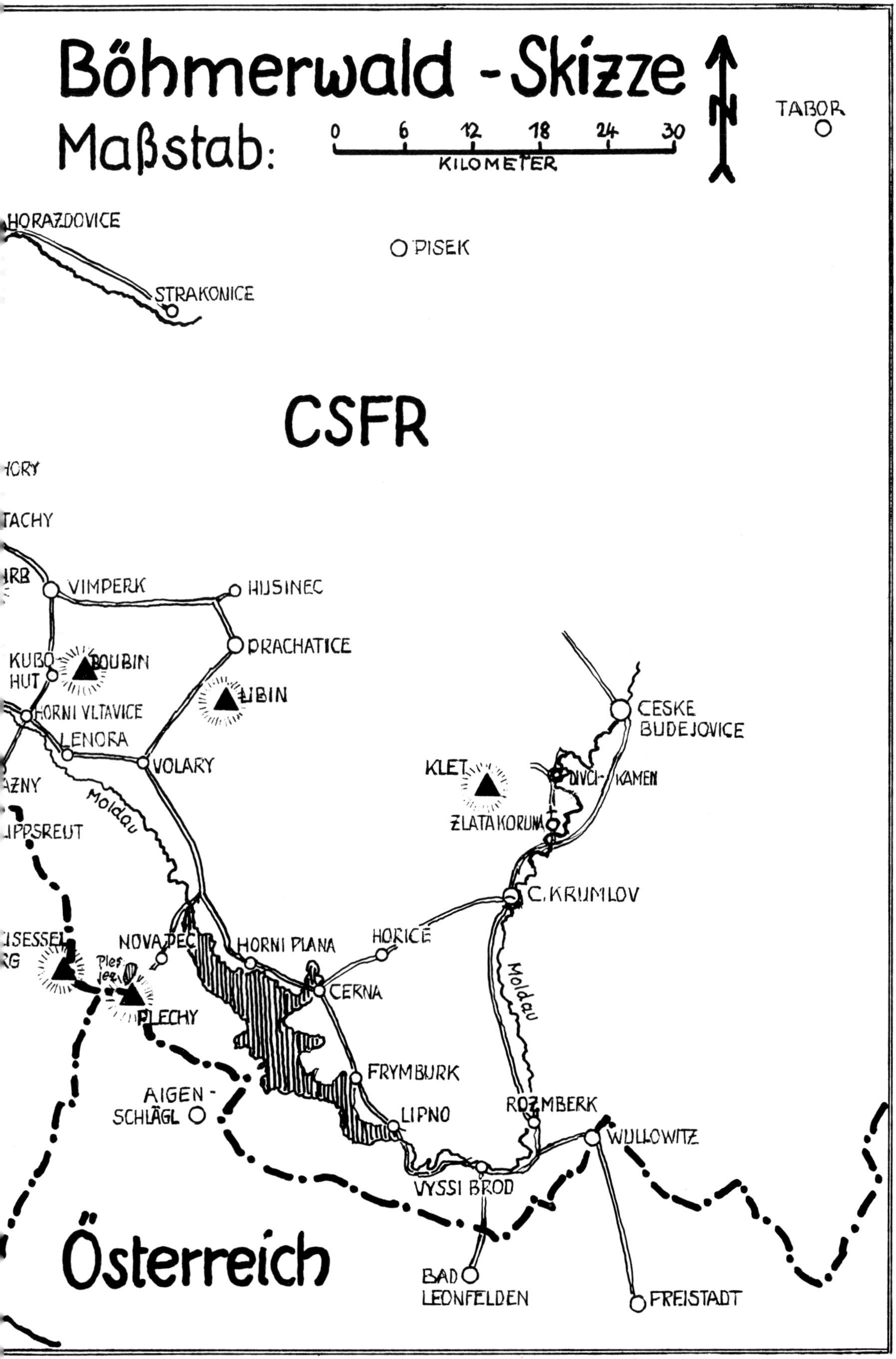
Böhmerwald - Skizze
Maßstab:
0 6 12 18 24 30
KILOMETER
N
TABOR
HORAZDOVICE
PISEK
STRAKONICE
CSFR
VIMPERK
HUSINEC
PRACHATICE
KUBO-HUT
BOUBIN
LUBIN
HORNI VLTAVICE
LENORA
VOLARY
Moldau
CESKE BUDEJOVICE
KLET
DIVCI-KAMEN
ZLATA KORUNA
C. KRUMLOV
NOVA PEC
HORNI PLANA
HORICE
Ples. jez.
PLECHY
CERNA
FRYMBURK
Moldau
AIGEN-SCHLÄGL
LIPNO
ROZMBERK
WULLOWITZ
VYSSI BROD
Österreich
BAD LEONFELDEN
FREISTADT